초보자가 가장 알고 싶은
실전 부동산경매 입문

초보자가 가장 알고 싶은
실전 부동산경매 입문

전 철 지음

중앙경제평론사

중앙경제평론사
중앙생활사

Joongang Economy Publishing Co./Joongang Life Publishing Co.

중앙경제평론사는 앞서가는 오늘, 보다 나은 내일이라는 신념 아래 설립된 경제·경영 전문 출판사로서 성공을 꿈꾸는 직장인, 경영인에게 전문지식과 자기계발의 지혜를 주는 책을 발간하고 있습니다.

초보자가 가장 알고 싶은 실전 부동산경매 입문

초판 1쇄 인쇄 | 2005년 10월 24일
초판 1쇄 발행 | 2005년 10월 27일

지은이 | 전철(Cheol Jeon)
펴낸이 | 최점옥(Jeomog Choi)
펴낸곳 | 중앙경제평론사(Joongang Economy Publishing Co.)

대 표 | 김용주
편 집 | 한옥수·최진호
디자인 | 박근영·유문형
마케팅 | 임교택
인터넷 | 김회승

잘못된 책은 바꾸어 드립니다.
가격은 표지 뒷면에 있습니다.

ISBN 89-88486-84-6(04320)
ISBN 89-88486-53-6(세트)

등록 | 1991년 4월 10일 제2-1153호   주소 | ⓤ 100-430 서울시 중구 흥인동 3-4 우일타운 707·708호
전화 | (02)2253-4463(代)   팩스 | (02)2253-7988
홈페이지 | www.japub.co.kr   이메일 | japub@unitel.co.kr | japub21@empal.com
♣ 중앙경제평론사는 중앙생활사와 자매회사입니다.

Copyright ⓒ 2005 by 전철
이 책은 중앙경제평론사가 저작권자와의 계약에 따라 발행한 것이므로 본사의 서면 허락 없이는 어떠한 형태나 수단으로도 이 책의 내용을 이용하지 못합니다.

▶ 홈페이지에서 구입하시면 많은 혜택이 있습니다.

※ 이 책은 〈쉽게 배우는 실전 부동산경매 입문〉을 전면 개정 후 책명을 바꾼 것입니다.
※ 이 도서의 국립중앙도서관 출판시도서목록(CIP)은 e-CIP 홈페이지(www.nl.go.kr/cip.php)에서 이용하실 수 있습니다.(CIP제어번호: CIP2005001971)

책머리에

　경매는 어려운 것이 아니다. 경매는 그리 복잡하지도 않다. 간단히 말해서 경매는 법원이라고 하는 국가기관에서 이루어지며 여러 사람의 이해관계가 얽혀 있다 보니 '법으로 정해진 절차'에 의해 처리되는 것뿐이다. 또 경매는 응찰자들에게 재테크 기회를 부여할 수밖에 없는데 이것은 경매 본연의 목적을 달성하기 위한 필수적인 요건이다.
　경매 본연의 목적은 무엇인가?
　만일 채무자들이 빚을 갚지 않으면서도 떳떳하게 부동산을 소유할 수 있다면 채권자들은 돈을 떼이게 될 것이며, 이런 상황에서는 돈을 빌려주고 빌려받는 신용질서가 무너지게 되는데 바로 이런 사태를 막기 위해 법원이 국가기관으로서 개인 채권자들의 권리행사에 협력하는 것이다.
　다시 말해서 되도록 많은 사람들을 경매에 참가시켜 경매라고 하는 강제집행 과정이 신속하고 공정하게 이루어지도록 하는 데 경매 본연의 목적이 있는 것이다.
　경매는 처리해야 하는 대상이 개인들에게 있어 전재산의 집약체인 부동산인데다가 많은 사람들의 상반된 이해관계가 얽혀 있어서 이를 온정주의식으로 적당히 처리하게 되면 오히려 부정과 비리가 판을 칠 우려가 있기 때문에 단순하고 정형화된 절차에 의해 일처리가 이루어진다.

하지만 경매를 처음 대하는 사람들에게는 경매라는 것이 다소 생소하게 느껴질 것이다. 세상을 살아가면서 "아, 그렇구나! 하마터면 큰일 날 뻔했네." 하는 순간들이 비단 경매에서만 있는 것은 아니며, 처음 대하는 분야에서는 누구나 생소할 수밖에 없다.

아무튼 경매로 부동산을 구입한다든지, 반대로 경매를 당한다든지 할 때는 우선 공신력 있는 전문가를 찾거나 아니면 침착하게 관련서적을 뒤적여본다든지 하는 식으로 정석에 충실하여야 할 것이다. "호랑이에게 물려가도 정신만 차리면 산다"라는 말도 있지 않은가?

그런데 막상 눈앞에 일이 닥치면 지푸라기 잡는 심정으로 이 사람 저 사람 붙잡고 알아보러 다니기 바빠지게 된다. 이럴 경우 '반풍수가 사람잡는 식'의 결과를 초래할 뿐이다.

이 책에서는 복잡하고 애매한 내용은 최대한 생략하고 최단시일 내에 간단명료하게 경매에 접근할 수 있도록 하는 데 주안점을 두었다. 아무쪼록 이 책이 경매 실전에 많은 도움이 되기를 바란다.

전 철

차례

1장 한눈에 보는 경매

- **경매란 무엇인가_** 15
  - 경매는 딱지 붙은 집을 사는 것인가_ 15
  - 입장을 바꿔보라_ 16

- **경매는 어떻게 진행되는가_** 20
  - 경매 신청_ 22
  - 매각 결정_ 26
  - 입찰 준비절차 진행_ 28
  - 입찰 실시_ 30
  - 낙찰허가_ 42
  - 대금납부_ 44
  - 경매의 완결_ 46
  - 명도_ 48
  - 배당_ 53

- **경매정보 보는 요령_** 57
  - 경매정보를 얻는 방법_ 57
  - 경매정보 보는 법_ 58

2장 경매로 내 집 마련하기

- **경매재테크가 내 몸에 맞는가_ 63**
  - 경매와 나와의 궁합은_ 63
  - 자신에게 맞는 재테크 방법을 개발하자_ 64

- **경매로 내 집 마련하는 것이 적합한 경우는_ 66**
  - 외국에 이민 갔다가 돌아온 경우_ 66
  - 세를 살다가 집을 새로 구입하려는 경우_ 68

- **경매재테크 요령_ 75**
  - 경매 참가자의 두 가지 유형_ 75
  - 차입을 자제한다_ 77
  - 시간을 사고 판다_ 79
  - 한번에 큰 이익을 바라지 않는다_ 82
  - 뇌동매매는 죽음이다_ 83
  - 일반매매와의 비교는 필수_ 85

- **경매도 투자방법의 하나이다_ 87**
  - 경매에 대한 편견을 버려라_ 87
  - 경매는 왜 싼가_ 89
  - 급매보다는 경매가 낫다_ 92
  - 자기 투자법의 중요성_ 95

3장 경매에 대처하는 방법

- **경매 취하 및 응찰 요령_ 99**

채무자 겸 소유자인 경우_ 100
보증 잘못 섰다가 집을 날리게 된 경우_ 104
세를 살다가 경매를 당하는 경우_ 109
분양이나 임대를 받았는데 경매를 당하는 경우_ 109

경매에서 법원은 어디까지 책임져 주는가_ 115

진짜 소유자가 되려면_ 115
법에 있어서 침묵은 금이 아니다_ 121
뛰는 자와 나는 자 그리고 한심한 자_ 124

4장 안전하게 세를 사는 방법

- **주택임대차보호법에 대하여_ 131**

  세(貰)테크 — 세 사는 것도 재테크_ 131
  주택임대차보호법은 필수_ 133

- **주택임대차보호법의 성격부터 파악하자_ 135**

  주택임대차보호법은 슈퍼법이다_ 135
  주택임대차보호법은 악법이다?_ 137

- **주택임대차보호법, 이제 응용해 보자_ 140**

  대항력과 확정일자_ 141
  우선변제_ 144

- **알아두면 좋은 세입자 상식_ 151**

  배당을 받는 방법_ 151
  임대차계약서에서의 체크포인트_ 155

안전한 셋집 판별하는 요령_ 157
개정된 주택임대차보호법하에서의 전세금 반환방법_ 158

5장 경매 초보자를 위한 실전정보

● 왕초보들의 경매장 풍경_ 165

경매장도 법정이다_ 165
때와 장소를 가리자_ 166
정장은 아니더라도 복장은 단정히 하자_ 167
입찰은 신중히, 또 신중히_ 168
끊이지 않고 반복되는 실수 유형들_ 170

● 경매에 들어가기 앞서_ 174

미리미리 준비하자_ 174
여유있게 도착하라_ 176
재테크의 기본은 여유와 냉정함_ 177
평수의 개념을 제대로 알자_ 178

6장 부동산시장의 오늘과 내일

● 구조조정과 부동산시장_ 187

구조조정과 차별화_ 187
구조조정과 법원경매_ 195

● 금융과 부동산_ 199

신참 장사꾼과 노련한 장사꾼_ 199

권리금_ 201
듀레이션_ 202
권리금과 듀레이션_ 205

● **상속 · 증여에는 경매가 최고다_** 206

싸게 사는 만큼 남는다_ 207
출가를 앞둔 자녀에게 사주는 경우_ 208
자녀가 아직 소득이 없는 경우_ 208

● **부동산펀드와 법원경매_** 212

부동산과 금융시장_ 212
부동산 뮤추얼펀드와 증권 뮤추얼펀드_ 213
간접투자와 직접투자_ 216
법원경매와 벌처펀드_ 219

● **법원경매_** 222

채무자의 은닉재산 조회 및 재산 명시_ 222
변호사 강제주의_ 223
8 · 31 부동산 대책과 위헌_ 224
이제는 공짜로 항고하지 못한다_ 227
왕순위 세입자가 없어진다_ 227
공매에서의 융통성이 경매에서도 통한다_ 228

부록 개정 주택임대차보호법 · 시행령_ 231
자주 쓰는 법원경매 관련 서식_ 243
전국 경매법원 안내_ 270
부동산경매 관련 인터넷 사이트_ 272

1장_
한눈에 보는 경매

경매란 무엇인가

경매는 딱지 붙은 집을 사는 것인가

"딱지 붙은 집을 사는 게 경매 아닌가요?"

경매 강연을 하거나 경매를 접하지 않은 고객들과 이야기를 하다보면 심심찮게 이러한 말을 듣는다.

아직은 경매가 일반인들에게는 약간 서먹서먹한 개념이기도 하고, TV 드라마 등에서 극적인 효과를 위해 보여주는 집행관의 강제집행(동산경매를 위한 압류과정) 장면 등으로 인해 경매에 대해 잘못 알고 있는 사람들이 많다.

부동산 경매에서는 '딱지'라는 말이 존재하지 않는다. 가령 아파트가 경매됐다고 해도 전혀 외부적인 변화는 생기지 않는다. 그 집에 사는 사람(채무자이든, 세입자이든)이 계속 그 집에 사는 데 있어서도 전혀 불편함 같은 것은 생기지 않는다. 다만 그 집의 등기부를 떼어보면 '임의경매, 강제경매신청' 그리고 'ㅇㅇ타경ㅇㅇㅇㅇ호'라는 번호가 기재되어 있을 뿐이다. 물론 당장은 그 집에 살던 사람들이 그 집에 계속 살아갈 수 있는 권리를 잃지 않지만 경매가 계속 진행되어 낙찰이 되고 잔금이 모두 납부되면 그 집에서 나가야 할 것이다.

한편 아파트를 경매로 싸게 살려고 하는 경우 경매의 모든 과정이나 모든 것을 다 알려고 할 필요는 없다. 경매 절차라든가 경매에 대한 기본 지식 정도만 알고 있으면 된다. 그래서 아파트를 싸게 낙찰받는다면 좋은 것이고, 설혹 사정이 여의치 않아 낙찰받지 못했다 할지라도 이때 얻은 상식은 언제고 부동산을 거래할 때 소중한 밑거름이 될 것이다.

입장을 바꿔보라

우선 경매란 무엇인지 정확히 짚고 가도록 하자. 누가, 왜, 어떻게 경매를 부치는지 등에 대하여 제대로 알고 시작해야 경매과정 중간중간에 나타나는 여러 가지 예기치 못한 상황에 적절히 대응하기가 쉬울 것이다.

경매는 낙찰받은 사람에게 재테크 기회를 주기 위해서 하는 것도 아니며, 국가기관인 법원이 집장사를 하기 위해서 하는 것

도 더더욱 아니다. 경매는 재산이 있는 사람이 멀쩡히 자기 재산을 그대로 가지고 있으면서 빌린 돈은 갚지 않는 불합리한 상황을 해결하기 위해서 법원이 국가기관의 자격으로 개인 채권자의 권리구제에 협력하는 과정이다.

빚을 지고도, 그리고 이자나 원금을 갚지 않고도 재산을 그대로 유지할 수 있다면 누가 빚을 갚겠는가? 결국 채권자는 돈을 떼일 수밖에 없을 것이다. 이런 상황이 되면 돈이 필요한 사람 역시 돈을 빌리는 것이 근본적으로 불가능해진다. 돈을 돌려받을 보장도 없는데 누가 돈을 빌려주겠는가?

IMF 직후에 나타난 현상이지만 돈이 조금만 돌지 않으면 그 자체로 국가 경제가 간단히 마비될 수 있다는 것이 실제로 입증되었다. IMF 때 돈을 구하는 것은 하늘의 별따기만큼 힘들었지만 그로부터 약 1년 후에는 시중에 돈이 갈 곳이 없을 정도로 남아돌았다. 결국 IMF 때에도 돈이 없었던 것은 아니며 다만 돌지 않았을 뿐이었다.

경매는 이와 같은 사태를 방지하여 신용질서를 바로잡고 신의·성실 원칙을 확립해서 경제질서를 유지하는 데 그 본래의 목적이 있는 것이다. 이를 위해서는 경매에 부쳐진 부동산이 빨리 그리고 높은 가격에 팔려 나가야 하므로 보다 많은 사람들에게 응찰할 수 있는 기회를 주는 것이다.

낙찰받은 사람이 납부하는 낙찰대금은 곧 채권자들에게 배당되는데 낙찰가가 지나치게 낮아질 경우 그만큼 채권자들이 떼이는 돈이 많아지게 된다. 따라서 낙찰자에게 재테크 기회를 부여하는 것은 어디까지나 채권자들의 권리구제와 채무자들의 태만을 막고자 하는 수단일 뿐 목적은 아니다.

경매로 낙찰을 받은 사람들이 겪는 가장 황당한 일 가운데 하나가 경매가 깨지는 것, 즉 경매가 취소 또는 취하되는 것이다. 그런데 이를 제도적으로 허용하는 이유는 채권자들의 권리가 보장받는다는 전제하에서 채무자가 경매로 집을 뺏기는 것만큼은 면하게 해주겠다는 법의 근본 취지에 의한 것이다.

그러므로 경매가 깨져서 낙찰을 받았음에도 불구하고 헛물켰다고 법원을 원망할 것이 아니라 뒤늦게나마 채무를 갚고 집을 빼앗기지 않게 된 채무자나 소유자에 대해 여유를 갖고 바라보는 자세가 필요하다.

낙찰자는 수많은 낙찰 기회 가운데 하나를 놓친 것이지만 채무자는 처자식과 함께 쫓겨날 뻔했던 위기를 면한 것이다. 이보다는 오히려 경매가 깨지지 않을 물건을 구할 줄 아는 안목과 노련함을 쌓는 데 힘을 기울여야 할 것이다.

경매는 어떻게 진행되는가

경매는 어떻게 시작해서 어떻게 마무리되는지 먼저 전체 과정을 간략히 살펴본 뒤에 구체적인 사항을 조목조목 알아보기로 하자.

경매는 채권자의 신청으로 시작된다. 경매 신청이 들어오면 며칠 내에 '경매신청기입등기'의 촉탁과 채무자, 세무서 등에 대한 최고를 하고 집행관과 감정평가사는 필요한 조사를 하게 되며 경매기일을 지정하게 된다. 이 최초 경매기일은 14일 전에 신문공고를 해야 하므로 빨라야 20일 이후에 잡힌다.

매수 희망자는 그동안 권리분석과 현장답사를 하게 된다. 경매기일에 최고가 매수신청인으로 결정되면 약 7일 후 낙찰허가를 받고 1~2개월 이내의 범위에서 지정된 기일 안에 잔금을 납부하면 된다. 그러면 법원은 낙찰자가 낸 돈을 배당이라는 형식으로 채권자에게 주는 것이다.

　이와 같이 채권자에 의해 시작된 경매는 채권자를 종점으로 완료되는데 이 절차는 유찰이나 낙찰자의 항고가 없는 정상적인 상황이라면 보통 3~4개월이면 끝난다.

　그러나 임야나 농지와 같이 수요층이 빈약한 물건은 3~4회 정도의 유찰은 보통인 경우가 많다. 2005년에는 수도권이나 지방 대도시 근교의 토지경매물건이 큰 관심을 끌기도 했다. 이는 2005년 6월의 중개업법 개정과 관련, 토지경매시장에 대한 중개업소들의 관심이 크게 늘어난 것도 한몫을 하였다. 경매도 결국 수요와 공급에 의해 결정되는 것이다.

경매 절차

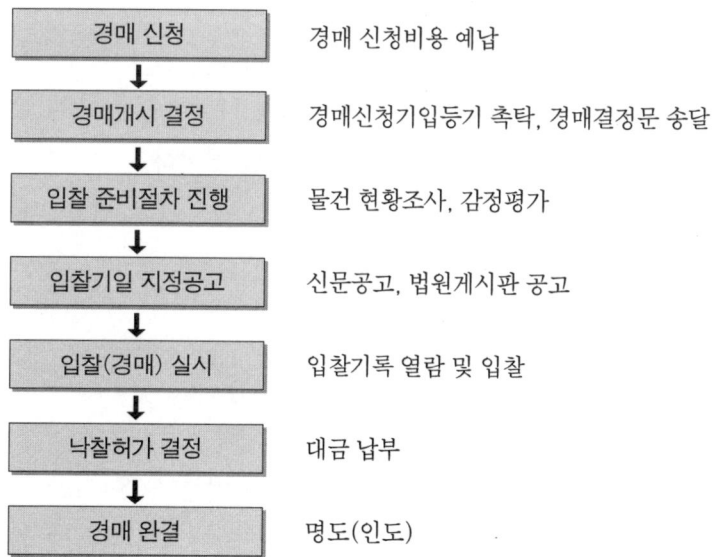

경매 신청

　법원에서의 모든 일은 당사자의 신청에 의해 이루어진다. "침묵은 금"이라는 속담도 있지만 법원과 관련지을 때 침묵은 곧 시인하는 것 또는 권리의 포기를 의미할 뿐이다. 법원은 당사자의 신청이 있을 때 이를 심리해서 들어 줄 것은 들어 주고 그렇지 않은 것은 거절(기각)하는 국가기관이다.

　경매도 마찬가지이다. 채권자가 경매를 부쳐달라고 신청하면 이를 경매에 부치는 것이다. 그렇다고 해서 법원이 까다롭게 채권자의 경매 신청을 심리한다면 채권자의 권익은 그만큼 침해되는 것이므로 법원은 채권자의 경매 신청이 외관상 적합하기만 하면 거의 기계적으로 경매에 넘긴다고 보면 틀림이 없겠다.

　이때 경매 신청이 등기필증에 의해서 이루어지느냐 아니냐에 따라 임의경매와 강제경매로 나뉘어지는데 낙찰받은 사람의 입장에서는 이를 특별하게 구별하지 않아도 될 것이다.

　경매란 그저 집을 시세보다 얼마나 싸게 샀느냐만 생각하면 된다. 임의경매로 샀느냐, 강제경매로 샀느냐를 따지는 것은 별의미가 없다.

■ 임의경매

　강제경매든 임의경매든 '강제집행'이기는 매한가지이지만 임의경매는 앞서 말한 바와 같이 등기필증에 의해 부쳐지는 경매를 가리킨다. 예를 들면 저당권이나 전세권 등으로 부치는 경매인 것이다.

왜 '임의'라는 용어를 쓰는 것일까?

등기부상의 권리를 설정해야만 얻을 수 있는 것이 등기필증이다. 등기필증 가운데 소유권과 관련된 등기필증을 '권리증' 또는 '집문서'라고 하는 것은 익히 알려진 사실이다.

저당권이나 전세권도 등기를 하면 등기필증이 나오는데 문제는 저당권이나 전세권 등기를 하자면 저당권과 전세권이 설정될 집의 집주인과 합의를 해야만 한다.

이 같은 양 당사자간의 임의의 의사합치에 의해 설정된 권리를 원인채권으로 하여 경매가 부쳐지므로 이를 '임의경매'라고 하는 것이다.

임의동행을 연상하면 이해가 쉬울 것이다. 임의동행은 연행하는 경찰관과 연행당하는 사람간에 합의(?)가 이루어진 연행이 아닌가.

여기서 등기필증은 특별한 문서는 아니다. 당사자간의 저당권설정계약서 또는 전세권설정계약서(일반적으로 전세계약서를 말함)에 등기소가 압날(壓捺)한 것이며, 경매를 붙이기 위해 이 등기필증을 법원에 제출한 뒤 3~4일(또는 일주일) 정도 있으면 그 부동산의 등기부등본에는 경매등기가 뜨는 것이다. 말하자면 또 하나의 경매물건이 탄생되는 것이다.

■ 강제경매

　강제경매도 임의경매와 마찬가지로 강제집행이지만 임의경매와 다른 점은 등기부에 미리 권리를 설정하지 못한 사람이 부치는 경매라는 것이다.

　예를 들어 갑돌이가 을돌이에게 1,000만원을 빌려주었다고 가정하자. 이때 갑돌이는 을돌이와 평소에 친분관계가 있으므로 을돌이의 집에다가 저당권을 설정한다든가 하는 일은 하지 않고 차용증 하나만 받고 그냥 믿고 빌려주었다.

　그런데 을돌이가 차일피일 미루면서 돈을 갚지 않고 있다면 갑돌이가 할 수 있는 일은 빌려준 1,000만원을 돌려달라는 재판을 걸어 판결을 받아서 을돌이의 집을 경매에 부칠 수밖에 없게 되는데 이처럼 재판을 통해서 판결을 받아 그 판결문에 기초해서 부치는 경매를 '강제경매'라고 하는 것이다.

　다시 말하면 갑돌이는 을돌이를 상대(피고)로 대여금반환 청구소송을 제기하여 승소한 후 이행판결문 즉, 차용금을 돌려주라는 판결문에 기해 강제경매 신청을 하는 것이다.

　이처럼 어떠한 사항을 이행하라는 판결문을 '채무명의'라고 하는데(엄밀히는 '판결문＋집행문') 강제경매는 바로 이 채무명의에 의해서 부쳐지는 경매이다. 일단 채무명의가 나오면 즉, 재판에서 이기면 그 이후의 절차는 임의경매와 다를 바가 없다.

　여기서 다를 바가 없다는 뜻의 의미는 낙찰을 받는 사람의 입장에서 그렇다는 것이지 경매를 부치는 채권자의 입장에서는 약간 다를 수 있으며 특히 배당에서는 차이가 클 수 있다.
 그리고 반드시 정식재판을 통한 판결문에 의해서만 강제경매를 부치는 것은 아니다. 조정이나 지급명령 등을 통해서도 강제경매를 부칠 수 있으며 이때는 결정문을 판결문으로 보면 될 것이다.

■ 경매비용 예납

 법원에는 외상이 통하지 않는다. 필요한 비용이 있다면 일단 먼저 납부를 해놓아야 하며 받아가더라도 나중에 절차가 모두 끝난 후에 되돌려받아야 한다.
 경매를 신청하기 위해서는 경매 신청과 함께 경매비용을 동시에 납부해야 한다. 그렇지 않을 경우에는 경매 신청 자체가 받아들여지지 않는다.
 법원경매 외에도 경매라는 제도에는 몇 가지 방식이 있는데 경매비용은 언제나 0순위로써 가장 빠른 저당권이나 소액임차인 우선변제금보다도 앞 순위를 차지한다.
 경매비용은 집행관수수료와 감정평가수수료 등으로 구성되며 보통 물건가격의 1~2% 정도라고 보면 될 것이다. 그리고 경매비용도 뽑지 못하는 경매라면 경매의 실익을 잃게 되며 이는 곧 법적 이익이 없는 것으로 간주될 것이다. 이러한 상황을 '과잉경매'라고 한다.

매각 결정

보통 채권자가 경매 신청을 하면 약 3일 정도 후에 법원은 거의 기계적으로 매각 결정을 내려주는데 이를 법률용어로 '임의경매 개시결정' 또는 '강제경매 개시결정'이라고 한다.

매각 결정이 이루어지면 두 개의 중요한 사항이 결정되는데 그 중 하나는 '사건번호'라는 것이고 다른 하나는 '경매계'라는 것이다.

■ 사건번호

원래 사건번호란 당사자들의 신청에 의한 사건에 붙이는 번호이므로 경매신청사건(채권자가 채무자의 재산에 경매를 신청하는 것)에도 이런 번호가 붙게 되는 것이다. 경매와 관련하여 붙여지는 사건번호는 사람으로 치면 교도소의 수인번호와 비슷한 성격을 갖는다.

다시 말해 해당 경매물건을 대표하게 되는데 교도소에서 희대의 흉악범이든, 거물 정치가이든, 소매치기 잡범이든 각각 하나의 수인번호를 부여받듯이 다세대 반지하 경매물건이든, 수백억짜리 대형빌딩 경매물건이든 하나의 사건번호를 부여받게 된다.

물론 물건마다 사건번호가 하나씩인 것이 원칙이겠으나 물건 하나에 사건번호가 여러 개 붙는 중복경매가 있으며, 이와는 반대로 사건번호 하나에 여러 경매물건들이 따라붙는 분할경매가 있는데 그리 많지는 않다.

아무튼 경매에 넘어오는 부동산은 사건번호가 그 경매 부동산의 호칭이 되는 것이다. 사건번호는 일반적으로 다음과 같이 표기된다.

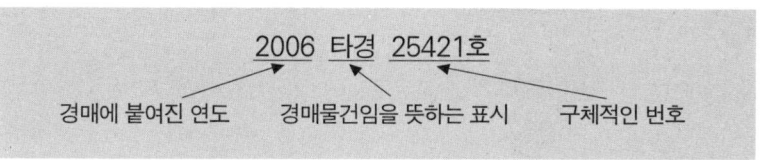

여기서 '2006타경25421호'를 단순하게 '2006-25421'로 줄여서 표시하는 경우도 있다. 다만 정식문서에는 '타경'이란 용어를 쓰는 것이 좋을 것이다.

■ 경매계

경매계는 민사집행과에서 경매 진행을 실제 주관하는 부서이다. 매각 결정 즉, 경매개시 결정이 되면 이 물건이 처리될 경매계가 결정된다. 예를 들어 '경매2계'로 배정된다든지 또는 '경매6계'로 간다든지 소속될 경매계가 결정되는 것이다.

이 경매계는 일단 한번 정해지면 좀처럼 바뀌지 않는데, 이 점에서 집행관사무소의 '부(部)'와 구별된다. 예를 들어 어떤 물건이 서울지방법원의 경매7계에 배정되었다면 그 물건은 경매물건으로서의 수명이 다할 때까지 경매7계의 물건이 되는 것이다.

여기서 '경매물건으로서의 수명을 다한다'는 것은 다음의 두 가지 상황 중 하나를 의미하게 된다.

① 낙찰되어 대금이 납부되고 그 납부된 돈이 경매채권자들에게 배당된 경우
② 경매를 당한 사람이 빚을 갚고 경매를 취하시킨 경우 (다른 말로 '경매를 깬다' 또는 '경락을 푼다'라고 표현함)

■ 압류

매각 결정이 나야 비로소 부동산은 법원에 의해 압류되는 것이며, 이 압류의 효력에 의하여 경락인은 경매 부동산을 경매 당한 채무자에게서 사는 것이 아니라 법원으로부터 사는 효과를 보게 된다. 즉 경매물건은 법원이 매도자가 되는 것이다.

본래 압류는 강제집행의 시작을 뜻한다. 이 점에서 행정관서의 압류와는 구별이 된다. 교통벌칙금만 안 내도 압류가 들어오지 않는가? 또 종토세나 재산세를 안 내도 압류가 들어온다.

입찰 준비절차 진행

입찰 준비절차는 다음과 같이 감정평가 → 신문공고 → 집행관 조사의 순서로 진행된다.

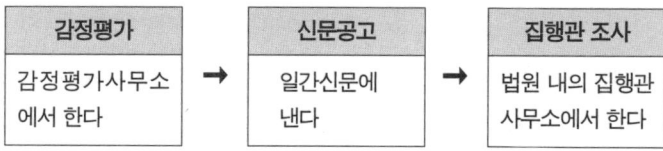

■ 감정평가

법원경매에서 최초의 경매를 부치기 위한 가격을 정하는 과정이다. 한번도 유찰이 되지 않은 최초의 경매를 흔히 '신건경매(新件競賣)'라고 표현하는데 이 신건경매의 최저 입찰가를 정하는 것이다. 이것은 법원 명령에 의해 감정평가사무소에서 하게 되는데 감정가를 다른 말로는 '법사가'라고도 한다.

감정평가액은 부동산 전문가인 감정평가사들의 의견이 반영된 가격이므로 응찰자의 입장에서 반드시 고려해야 할 중요한 요소이기는 하나 단지 비중을 두고 고려하는 수준에서 그쳐야지 이를 곧바로 이익을 내는 잣대 그 자체로 받아들여서는 안 된다. "가랑잎이 가라앉고 자갈돌이 뜬다"라는 말처럼 합리적 가격이 재테크적인 관점에서는 오히려 불합리할 수도 있는 것이다.

■ 신문공고

모든 경매물건은 경매에 부쳐지기 전에 일간신문에 공고하도록 되어 있다. 모든 사람이 접할 수 있도록 일정요건을 갖춘 대중매체에 공고한 후에 실시되도록 하는 것이 채권자의 이익을 위해서나 공평성의 입장에서 바람직한 것이며, 이를 위해 민법에 규정된 '현상 광고'의 과정을 거치는 것이다.

■ 집행관 조사

과거에는 임대차 현황 등을 응찰자가 직접 일일이 조사해야 했으나 지금은 이러한 불편사항이 개선되어 법원이 경매에 넘어온 부동산의 점유관계를 알려준다. 즉 경매 넘어온 집에 누가 사는지, 주인이 안 살고 전세를 산다면 전세금은 얼마이고 언제부터 살고 있는지 등을 조사한 후 이를 경매에 응찰할 사람들에게 공개해서 누구든지 경매기일 일주일 전부터는 이를 자유롭게 열람할 수 있도록 하고 있다.

입찰 실시

경매에 응찰하는 사람의 입장에서 가장 중요한 날짜인 입찰기일은 보통 2~3주 전에 경매계에 알아보면 된다. 또는 경매정보지나 인터넷 등을 통해 물건을 찾아보면서 같이 알아보아도 된다.

입찰은 당연히 경매법정에서 진행된다. 경매법정은 법원 또는 지원별로 일정한 장소(예를 들면 '몇 호 법정은 경매법정으로 정해 놓는다' 는 식으로)를 정해 놓으며 입찰, 배당 등 경매와 관련된 사건들을 주로 취급한다.

■ 기간입찰제도를 활용하자

경매기일날은 분위기에 휩싸일 수도 있으며, 직장인의 경우에는 평일날 오전 중에 경매에 참석하는 것이 여의치 않을 수 있다.

이때는 경매계에 기간입찰로 응찰할 의사를 표시하고 서류를 받으면 된다. 기간입찰은 우편으로 하는 것도 가능하며 서류봉투가 봉합된 상태에서 입찰기일에 집행관의 면전에서 공개되므로 안심할 수 있다. 입찰보증금은 법원의 계좌에 입금시키고 그 입금증을 입찰표에 첨부하면 된다.

■ 입찰은 순간에 이루어진다

입찰기일에 입찰기록 가운데 중요한 사항들을 체크해 보는 것도 필요한 일이겠으나 가급적이면 입찰기일 이전에 등기부등본이나 공부(가옥대장·토지대장 등), 주민등록 확인 등을 마치고 입찰에 임하는 것이 좋다.

낙찰을 받아놓고도 경락잔금을 납부하지 않아 입찰보증금을 몰수당하는 경우의 절반 이상은 입찰기일 당시 분위기에 휩쓸려 자신도 모르게 턱없이 높은 가격에 응찰한 것이 원인이다. 준비가 불충분하면 입찰기일에 더욱 조바심을 내게 되고 분위기에 휩쓸릴 가능성이 높아지게 된다.

■ 입찰은 별다른 절차가 없다

입찰은 어렵지 않다. 입찰표와 입찰봉투를 교부받아 양식에 맞게 적어서 집행관석 앞에 있는 유리함에 넣기만 하면 된다. 그리고 나서 30분에서 1시간쯤 있으면 물건별로 응찰자를 집행관석 앞으로 불러내어 당사자들 앞에서 바로 최고가 입찰자(최고가 매수신고인)를 가려내는데 이를 '낙찰'이라고 한다. 추후에 설명하겠지만 낙찰과 낙찰허가는 의미가 다르다.

응찰자를 불러내는 순서는 보통 사건번호순으로 하게 되는데 「2006타경○○○○호」 사건보다는 「2006타경○○○○호」 사건을 먼저 처리하고, 「2006타경7○○○호」보다는 「2005타경6○○○호」를 먼저 처리한다고 보면 될 것이다.

■ 입찰표는 계약서보다 간단하다

입찰표를 작성하는 방법을 알아보기 전에 먼저 입찰표와 계약서(중개업소)의 차이에 대해서 살펴보고 가자. 입찰표와 계약서의 차이를 비교해 보면 입찰표에 대한 이해가 보다 빠를 것이다.

일반적으로 사용되는 계약서의 양식과 법원(지원)에서 공통적으로 사용되는 입찰표의 양식은 다음 견본에서 보는 바와 같이 서로 다르다. 계약서에 대해서는, 중개업소를 한 번이라도 이용해 본 경험이 있는 사람이라면 더 이상 설명이 필요치 않을 것이다. 계약서에는 특별한 양식이 없다. 따라서 직접 계약을 할 일이 생긴다면 본 양식을 본따서 만들어 써도 무방하다.

부동산매매계약서

매도인과 매수인은 상호간 합의하에 다음과 같이 부동산 매매계약을 체결한다.

1. 부동산의 표시

검 인

2. 계약내용

第1條 위 부동산에 대한 매매대금을 매수인은 다음과 같이 지불하기로 한다.

매매대금	金	원整(₩)	단가 (㎡)(평)
계 약 금	金	원整은 계약시에 지불하고	
중 도 금	金	원整은 년 월 일에 지불하며	
잔 금	金	원整은 년 월 일에 중개업자 입회하에 지불한다.	

第2條 매도인은 매매대금의 잔금을 수령함과 동시에 매수인에게 소유권 이전등기에 필요한 모든 서류를 교부하고 위 부동산을 인도하여야 하며, 소유권의 행사에 대한 제한이나 공과 등 부담금의 미납이 있을 때에는 잔금 수수일 이전까지 그 권리의 하자 및 부담 등을 제거하여야 한다.
第3條 위 표시 부동산에 관하여 발생한 수익과 조세공과 등의 부담금은 위 부동산의 인도일을 기준으로 하여 그 이전의 것은 매도인에게, 그 이후의 것은 매수인에게 각각 귀속한다.
第4條 중도금(중도금 약정이 없을 때에는 잔금)이 지불되기 전까지는 매도인은 계약금을 배액으로 상환하고, 매수인은 계약금을 포기하고 이 계약을 해제할 수 있다.
第5條 매매물건에 관한 중개수수료는 이 계약체결과 동시에 계약당사자 쌍방이 각각 지불한다.

※ 특약사항

....

....

....

이 계약을 증명하기 위하여 본 계약서를 작성하고 각자 서명 · 날인하다.   년   월   일

3. 계약당사자의 인적사항 및 중개업자

매도인	주 소				
	주민등록번호		전화	성명	印
매수인	주 소				
	주민등록번호		전화	성명	印
중개업자	사무소소재지				
	허 가 번 호				
	상 호				
	대 표		印		印
	사 업 자 등 록 번 호		전화	전화	

1장 한눈에 보는 경매

계약서에 비해 입찰표 양식은 훨씬 더 단순하다. 입찰표를 작성하기 어렵게 만들면 경매에 응찰하는 사람이 많지 않을 것이고 이로 인해 경쟁률이 낮아져서 낙찰가도 낮아지게 되므로 결국 경매채권자들에게 피해가 돌아가게 될 것이다. 그래서 누구나 응찰할 수 있도록 입찰표를 쉽게 만든 것이다.

그러면 이 쉬운 입찰표를 잘못 기재하면 어떻게 되는가? 입찰이 무효가 되어 최고가를 써 내고도 낙찰을 못 받을 수 있다.

왜 이런가? 다시 계약서로 돌아가자!

중개업소를 통해 집을 거래할 때 우리는 계약금을 건네고 계약서를 써야만 계약을 했다고 생각한다. 과연 그런가? 계약은 계약 당사자들간에 합의만 되면 그 합의되는 순간에 이루어지는 것이다. 다만 "부동산 거래에서는 선한 사람이 없다"는 말처럼 나중에 딴소리를 할 가능성이 높으므로 증거자료로서 계약서를 작성할 뿐이다.

이번에는 입찰표로 돌아가자!

입찰표는 계약서에 비해 매우 단순하지만 그 서면 자체가 의사표시라고 할 수 있다. 그러므로 입찰표에 문제가 생기면 입찰이 무효가 되는 것이다. 계약서는 잘못 기재되어도 다른 정황에 비추어 판단하여 착오임이 명백하다면 그다지 문제될 일이 없지만 입찰표는 그렇지 않다.

하지만 예외적으로 단독응찰의 경우에는 실수의 성격에 따라 집행관의 재량으로 봐주는 것이 가능할 수도 있다.

입찰표

\multicolumn{6}{c}{입찰표}					

입찰표					
집행관 귀하			입찰기일 년 월 일		
① 사건 번호	타경 호		② 물건 번호		
입찰자	본인	③ 성 명			㉞
		④ 주민등록번호		⑤ 전화번호	
		⑥ 주 소			
	대리인	⑦ 성 명		㉞	⑧ 본인과의 관계
		⑨ 주민등록번호		⑩ 전화번호	
		⑪ 주 소			
⑫ 입찰 가액	10억	백만	천	원	⑬ 보증금액 10억 백만 천 원
보증의 제공방법	○ 현금 · 자기앞수표 ○ 보증서				⑭ 보증금을 반환받았습니다. 제 출 자 ㉞

1장 한눈에 보는 경매 35

■ **입찰표를 적는 요령**

경매에 응찰할 때는 물건마다 한 장의 입찰표와 입찰봉투를 각각 사용한다는 것, 그리고 입찰표를 일단 제출하고 나면 그 내용을 수정하는 것이 불가능하다는 것을 유념하면서 입찰표를 작성하는 요령에 대해 알아보자.

① **사건번호** : 당일 경매에 부쳐지는 여러 물건 중에 매수신청인이 응찰하고자 하는 물건을 특정하는 것이므로 정확히 기재해야 한다. 법원에서의 사건번호는 경매사건이 아닌 경우에도 「연도+사건부호+부여된 번호(통상 접수번호+검색번호로 이루어짐)」의 형식으로 이루어진다. 그리고 '타경'이라는 말은 경매사건임을 뜻하며, 그 밖의 다른 의미는 없다.

② **물건번호** : 경매는 본래 분할경매가 원칙이다. 물건번호는 하나의 경매사건에서 두 개 이상의 물건을 개별적으로 입찰에 부친 경우에 각 물건을 특정하는 것이다. 물건번호가 부여돼 있으면 하나의 경매사건에서 처리되는 물건이라 할지라도 다른 물건이 된다. 그러므로 입찰공고에 물건번호가 표기돼 있으면 사건번호 외에 물건번호까지 기재해야 한다. 물건번호가 없는 경우에는 기재하지 않는다.

③ **성명** : 경락을 받으려는 본인의 이름을 기재한다. 자연인이 아닌 법인 명의로 매수신청할 경우에는 법인의 명칭과 대표자의 지위 및 성명을 기재한다. 이때 무인은 인정되지

않으므로 반드시 도장을 사용하도록 한다.

④ **주민등록번호** : 매수신청인의 주민등록번호를 기재하면 된다. 법인의 경우에는 사업자(법인)등록번호를 기재하도록 한다.

⑤ **전화번호** : 연락 가능한 전화번호를 기재하면 된다.

⑥ **주소** : 주민등록상의 주소를 기재한다. 법인의 경우 등기부상의 본점 소재지를 기재한다.

⑦~⑪ : 대리인에 의한 응찰의 경우에만 기재한다. 주의할 것은 법률상의 효과가 귀속하는 것은 본인이므로 입찰자 본인란에는 본인을, 대리인란에는 대리인을 모두 기재하며 대리권을 증명하기 위한 서류로서 본인의 위임장과 인감증명을 첨부해야 한다. 그리고 위임장에는 본인 인감이 찍혀야 한다.

⑦ 성명 : 대리인의 이름을 기재하고 도장을 날인한다. 역시 무인은 인정되지 않는다. 대리인에 의한 응찰의 경우에는 본인의 도장은 필요하지 않다.

⑧ 본인과의 관계 : 부담갖지 말고 적으면 된다.

⑨ 주민등록번호 : 대리인의 주민등록번호를 기재한다.

⑩ 전화번호 : 연락 가능한 전화번호를 기재한다.

⑪ 주소 : 주민등록상의 주소지를 기재한다.

⑫ **입찰가액** : 법원이 공고한 최저입찰가액 이상이어야 한다. 일단 기재한 금액은 수정할 수 없다. 따라서 수정할

입찰보증금봉투(앞면)

○○지방법원 ○○지원

사건번호	타경 호
물건번호	
제 출 자	㊞

※ 사건번호와 물건번호의 기재요령은 입찰표와 같다. 「제출자」란은 본인이 제출할 경우에는 본인이 서명날인하고, 대리인에 의한 응찰의 경우에는 대리인의 이름을 기재하고 날인한다. 즉 대리인이 제출자가 된다.

입찰보증금봉투(뒷면)

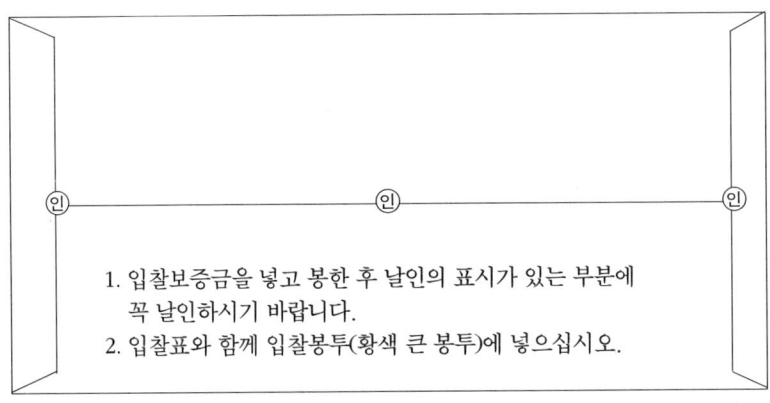

1. 입찰보증금을 넣고 봉한 후 날인의 표시가 있는 부분에 꼭 날인하시기 바랍니다.
2. 입찰표와 함께 입찰봉투(황색 큰 봉투)에 넣으십시오.

※ 입찰보증금을 넣고 풀칠하여 봉한 후 날인의 표시가 있는 곳에 날인한다. 이는 개찰하기 전에 입찰보증금 봉투가 훼손되었는지 여부를 확인하기 위한 것이다.

입찰봉투(앞면)

입찰자용 수취증

○○지방법원○○지원
(연결번호   번)

주의 : 이부분을 절취하여 보관하다가 보증금을 반환받을 때 제출하십시오. 분실시에는 보증금을 반환받지 못할 수가 있으니 주의하십시오.

집행관
        ㉿

------------------절 취 선------------------

봉투를 반으로 접어서 이곳을 호치키스로 찍으십시오.

------------------접 는 선------------------

○○지방법원○○지원(연결번호   번)

사건번호	타경 호
물건번호	
입 찰 자 성 명	

------------------접 는 선------------------

1. 입찰보증금봉투와 입찰표를 넣고 봉인하십시오.
2. 입찰자용 수취증의 절취선에 집행관의 날인을 받으십시오.
3. 사건번호를 타인이 볼 수 없도록 접어서 입찰함에 넣으십시오.

입찰봉투(뒷면)

◎ 해설 : 입찰봉투에 입찰표와 입찰보증금봉투를 넣고 호치키스를 찍어 봉한 후 집행관에게 제시하여 날인 및 연결번호를 부여받아 입찰자용 수취증을 떼어 받고 입찰봉투를 입찰함 — 통상 유리상자이다 — 에 투입함으로써 입찰을 한다. 그리고 개찰을 기다리는 것이다.

경우에는 새 용지를 사용해야 한다.

⑬ **보증금액** : 통상 최저 입찰가액의 1/10이지만 입찰공고에 '보증금 2할'로 기재된 2할 경매의 경우에는 2/10이다. 보증금이 30% 이상인 경우도 있다. 역시 기재된 금액은 수정할 수 없으며, 수정이 필요하면 새 용지를 사용한다.

⑭ 입찰에서 떨어지면 보증금을 즉시 돌려받게 되는데 이때 여기에 서명날인함으로써 영수증에 갈음하는 것이므로 미리 기재할 필요는 없다.

■ 입찰표를 작성한 이후의 절차는

입찰표를 작성한 다음에는 입찰보증금봉투(흰색 편지봉투)에 미리 준비해온 입찰보증금을 넣는다. 그리고 나서 이 입찰보증금봉투와 입찰표를 입찰봉투(누런 대봉투)에 넣어 진행하는 집행관에게 제출하면 된다.

여기까지 마치면 경매법정에서 입찰자가 더 할 일은 없으며 바로 개찰이 시작되는데 자신이 응찰한 물건(사건번호)을 호명할 때 입찰대 앞에 나가면 된다. 개찰 결과 최고의 가격으로 응찰한 사람이 최고가 입찰자로 결정된다.

여기서 한 가지 알아둘 것은 '차순위신고'는 가급적 하지 않는 편이 낫다. 그리고 입찰보증금봉투와 입찰봉투, 입찰표는 법정에서 무료로 나누어 준다.

낙찰허가

■ **낙찰허가 결정 여부는**

　낙찰허가(경락허가)에 대해 심각하게 생각할 필요는 없다. 낙찰자, 낙찰가 등 중요한 부분은 경매기일에 모두 정해지며 낙찰허가는 법이 금지하고 있는 사항에 저촉되는지의 여부만을 판단한 후 거의 기계적으로 나온다.

　예컨대 이 물건의 낙찰자는 예쁜 아가씨니까 낙찰허가를 해주고, 저 물건의 낙찰자는 못생겼으니까 낙찰허가를 못 내준다는 식으로 법원측에서 자유재량으로 낙찰허가에 관한 결정권을 행사할 수 없다는 것이다.

　낙찰허가는 법원의 입장에서도 결정권이 거의 없다고 할 수 있는 기속결정사항이다. 이것은 낙찰자의 입장에서도 마찬가지이다. 경매기일에 낙찰을 받았다면 낙찰허가를 받기 싫다고 해서 낙찰허가가 나오지 않도록 할 수는 없다. 하지만 법으로서 낙찰허가를 금지한 경우에 해당된다면 당연히 낙찰허가는 나오지 않는다. 즉 '낙찰불허가' 결정을 받게 된다.

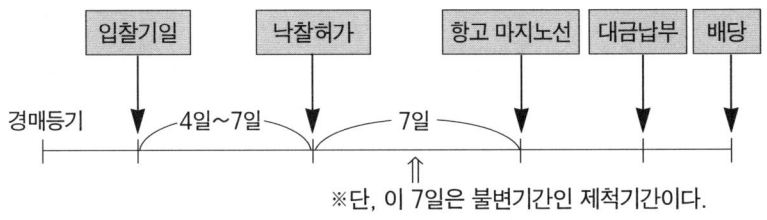

낙찰허가 여부를 결정하는 날 즉, 낙찰허가일(낙찰기일)은 입찰법정에서 선고한 후 법원게시판에 공고되는데 통상 입찰기일(경매기일)로부터 7일 정도 걸린다.

■ 항고

억울한 피해자가 없도록 법원의 결정사항이나 관공서의 결정 등에 대하여 불복할 수 있는 길이 열려 있다. 낙찰허가 결정에 대해서도 예외는 아니다. 낙찰허가일로부터 7일 이내에 세입자를 포함한 이해관계자는 경매를 진행하는 법원에 항고장을 제출할 수 있다. 즉 경매에 부쳐져 최고가 매수신고인이 나타난 상태에서 약 14일 안에 항고를 할 수 있다고 보면 된다.

그러나 2002년 7월 1일 민사집행법의 시행으로 인해 과거와 같이 단지 시간을 끌고 싶다는 이유만으로 항고를 하는 것이 어려워졌다. 세입자도 공탁을 해야만 한다. 즉 낙찰가격의 10%에 해당하는 금액을 법원에 공탁한 후 이를 증명하는 서류를 첨부하여야 하며 그렇지 않은 경우 법원은 항고장의 심리를 할 수 없으므로 이를 각하('기각'이 아님)하여야 한다.

또한 과거와 같이 항고 이유에 대해 '추후 제출하겠음' 하는 식으로 해 놓음으로써 통상적인 항고기간(6개월 정도임)보다 1~2개월 시간을 더 끄는 것도 불가능해졌다. 법 규정에 따르면 항고의 보증으로 제출한 공탁금 가운데 항고 처리기간 동안의 지연이자를 뺀 나머지는 돌려받을 수 있는 것처럼 되어 있으나 모자라면 모자랐지 남는 일은 거의 없을 것이다.

다시 말해서 항고가 기각되면 공탁금은 몰수된다고 보면 된다. 살던 집이 경매에 넘어갈 것 같으면 위장 세입자를 전입시켜 항고도 하고 소액임차인 우선변제급도 받고, 상가나 임야가 경매에 넘어가면 낙찰허가 직전에 '가라' 저당권등기를 하여 항고를 하는 잔꾀가 이제는 불가능해진 것이다.

경매에 대한 강연이 유행하면서 일부 지각없는 강사들이 '항고장을 내면 6개월 더 산다'는 식으로 강연을 하는 경우가 적지 않았는데 이런 유의 이기주의가 유용한 제도를 백해무익한 제도로 바꾸어 놓더니 급기야는 없애버리고 만 것이다.

대금납부

낙찰허가 결정이 확정되면 낙찰자는 법원이 통지하는 대금납부 기일 내에 낙찰대금(보증금을 공제한 잔액)을 납부해야 한다.

2002년 7월 1일 민사집행법 시행에 따라 항고가 없다면 낙찰을 받은 지 보름 후에라도 대금납부가 가능하다. 가급적 납부 일자 이전에 대금을 납부하는 것이 바람직하겠으나 부득이할 경우 연체를 하는 것도 가능하다. 연체가 무한정 가능한 것은 아니며 약 20일~40일 정도 연체가 가능하다.

그러면 대금납부를 빨리하는 것이 경락인의 입장에서는 이익이 되는가, 손해가 되는가? 당연히 이익이 된다. 일반매매와 달리 경매에서는 잔금을 치르면 등기 여부와 관계없이 주인이 되기 때문이다. 낙찰허가 결정이 확정된 후 대금의 지급기한이 낙찰자에게 통보되면 이 기한내에 언제든지 낙찰대금을 납부할 수 있다.

법원경매	일반 중개업소 매매
대금 납부 = 소유권의 취득	대금 납부 ≠ 소유권의 취득

일반적인 매매에서는 잔금을 치르게 되면 매도인에게 등기를 넘겨달라고 요구할 수 있는 '등기청구권'이라는 것을 갖게 된다. 물론 매도인이 돈까지 받아 놓고도 등기를 넘겨주지 않는다면 재판을 통해 소유권을 가져올 수는 있겠지만 여하튼 대금납부 그 자체가 소유권인 경매와는 성격이 다르다.

매우 드문 일이기는 하지만 일반매매에서는 매도인이 집을 팔아 놓고도 매수인이 등기하기 전에 다른 사람 앞으로 이미 등기를 옮겨 놓았다면 매수인은 권리를 잃게 된다.

경매에서 대금납부는 낙찰자가 치열한 입찰경쟁을 거쳐 낙찰받는 본래의 목적을 달성하는 귀착점이라고 할 수 있다. 또한 대금납부를 해야만 낙찰자는 그 집에 사는 점유자(채무자·보증인 또는 세입자)에게 집을 비워달라고 요구할 수 있으며, 채무자나 세입자가 비켜주지 않을 경우 명도소송 또는 인도명령을 신청하게 된다.

　다시 말해서 민사집행법에 의해 경매된 물건의 대금납부 이후에 집을 비워주지 않으면 채무자이든 보증인이든 세입자이든 집을 비워달라는 인도명령을 신청할 수 있다. 단, 대항력 있는 세입자는 인도명령의 신문기일에 출석하여 이를 밝히면 될 것이다. 결국 경락인의 입장에서는 대금납부에 의해 경매의 주요 절차가 마무리된다고 할 수 있다.

　그러면 만약 경락인이 대금납부를 포기하면 어떻게 되는가? 입찰보증금은 돌려 주나? 그렇지 않다. 그럴 경우 입찰보증금은 몰수되어 채권자들에게 배당된다.

경매의 완결

　모든 일은 끝맺음이 중요하듯이 경매에서도 마무리가 중요하다. 경락대금이 납입된 이후에는 바로 명도절차에 들어간다. 여기서 합의가 이루어진다면 더할 나위가 없겠으나 그러지 않을 경우에는 바로 법적 절차를 시작하는 것이 낫다. 그외 경락인이 신경써야 할 부분으로는 취득세와 등록세의 납부이다.

　취득세는 경락대금 납부일로부터 30일 내에 납부해야 한다. 1개월 내에 납부하는 것이 아니라 30일임에 주의하자. 만일 하루라도 늦으면 20%의 가산세를 물게 된다. 가산세는 가산금이

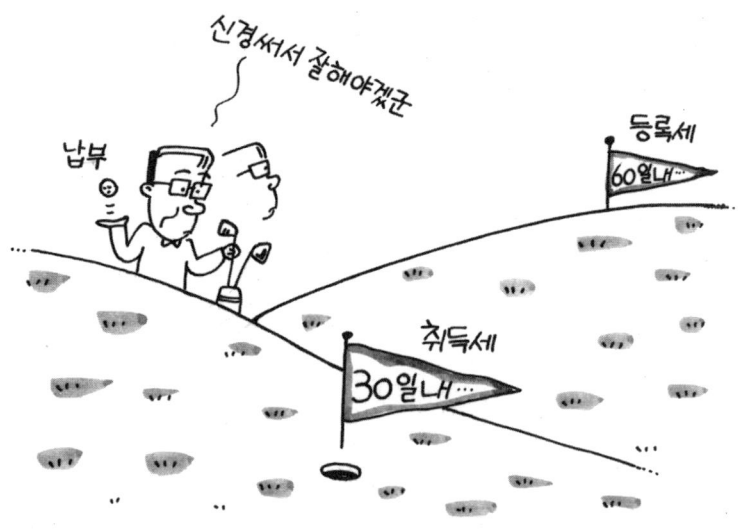

나 과태료와는 다르다. 저촉이 되면 가차없이 부과된다.

등록세는 60일 내에 납부해야 한다. 등록세는 등기세를 말하며, 즉 60일 내에 등기신청을 하면 되는 것으로 이해하면 될 것이다. 등기는 정해진 비용만 내면 일반매매보다도 더 확실하게 법원에서 알아서 해준다.

경매대금을 완납한 뒤에는 소유권 이전을 위한 말소 및 촉탁등기를 법무사 사무소에 대행시키게 되는데, 물론 직접 하는 것도 그리 어려운 일은 아니며 직접 할 경우에는 대행할 때에 비해 당연히 비용도 절약된다.

소유권 이전 촉탁등기에 필요한 요구사항은 법원별로 거의 차이가 없는 것은 물론 신청서류에 다소 미비된 부분이 있더라도 수정하여 보완한 후에 다시 제출하면 된다. 소유권 이전과 함께 경매부동산에 설정되어 있던 각종 저당권이나 가압류 등은 법원이 알아서 말소해 준다.

한편 취득세와 등록세를 납부해야 하는데 돈이 부족할 경우에는 먼저 취득세를 내고 나중에 등록세를 내도록 한다. 물론 등기도 무한정 미룰 수 없다. 60일 내에 등록세를 납부하지 않으면 과태료를 물게 된다.

명도

명도라고 해서 어렵게 생각할 필요 없다. 그저 전에 살던 사람을 내보내고 경락인이 들어가 살든가, 아니면 다시 세를 주든가 하는 것쯤으로 생각하면 될 것이다.

명도라는 것이 꼭 경매와 관련해서만 있는 것은 아니다. 예를 들어 월세로 아파트를 세를 주었는데 세입자가 월세도 안 내고 나가지도 않고 버틴다고 가정하자! 이러한 막무가내의 세입자를 내보내는 것도 명도이다.

그런데 경매에서 가장 까다로운 부분이 바로 이 명도 문제라고 할 수 있다. 왜냐하면 이 명도에는 사전에 획일적으로 정해진 정답이 없기 때문이다. 그러나 반드시 미리부터 감안해 놓아야 한다. 왜 반드시 미리 감안해야 하는지 예를 들어 설명해 보겠다.

최근 주식시장이나 기타 금융시장, 부동산시장의 공통적인 테마는 바로 차별화이다. 같은 단지 내의 아파트도 동(棟)이나 층(層) 또는 향(向)에 따라 30~40%까지도 차이가 나는 것이 보통이다.

가령 같은 동(棟)·비슷한 층수에 향(向)이 같은 아파트 2개(하나는 702호, 또 하나는 803호라고 하자)가 같은 날 경매에 부쳐진다고 가정해 보자! 물건의 성격은 다음과 같다.

- 702호 : 채무자 겸 소유자가 거주하며 이들은 반듯하게 사업을 운영하다가 파산하여 경매에 넘어옴.
- 803호 : 세입자가 살고 있는데 전세금을 모두 떼임.

이 경우 두 물건은 부동산의 입장에서는 같은 물건이지만 경매물건으로서는 별개의 물건이다. 낙찰가가 5% 정도 차이가

명도집행 과정

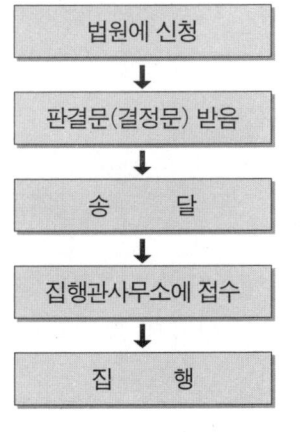

쉽게 말해 집을 비워달라고 신청하는 것이다.

법원이 판결 또는 결정을 내려주는데 판결이든 결정이든 상관없다.

법원을 통해 집행을 당할 사람에게 통보한다.

실제로 집을 비워줄 것을 집행관사무소에 신청한다.

집을 비운다.

나야 하는 것이다.

최근 경매에서 아파트 물건들의 낙찰가 동향을 보면 동(棟)이나 층수(로얄층·꼭대기층·1층)에 따라서는 낙찰가의 차이가 뚜렷하지만 이런 면까지는 아직 반영이 덜 되고 있다.

■ 법원에 신청

법원은 신청이 들어와야만 대답을 해준다. 집을 비워달라는 신청은 주로 인도명령에 의하게 되며 대항력 있는 세입자가 배당을 받지 못했다거나 하는 경우에는 명도소송에 의하게 될 것이다. 명도소송도 엄연히 소송이다. 소송은 또한 당연히 절차법의 영역이다. 따라서 스스로를 전문가라고 생각하지 않는 한 명도소송은 변호사나 기타 전문가의 도움을 받아 수행하는 것이 좋다.

인도명령은 채무자 또는 소유자(대항력이 없는 세입자)를 상대로 집을 비워달라고 밟는 법적 절차이다. 인도명령신청서의 양식은 이 책의 부록에 수록되어 있다. 이 인도명령은 한번쯤 직접 해보는 것도 그리 나쁘지 않을 것 같다.

다만 법으로 강제집행을 할 때는 신중을 기하도록 해야 할 것이다. 법은 어느 한쪽을 위해서만 존재하는 것이 아닌 만큼 상대방도 적극적으로 저항할 가능성이 있기 때문이다. 코너에 몰린다면 누구인들 저항하지 않겠는가? 원만한 합의로 해결을 보기 위해 최선을 다한 뒤 법적 집행에 들어가도 늦지 않다.

인도명령과 관련하여 한 가지 알아둘 것은 대금납부기일로부터 6개월이 지나면 인도명령을 신청할 수 없다는 사실이다. 따라서 명도소송에 의해야 한다.

■ 판결문을 받는다

인도명령을 신청하고 약 보름 정도 있으면 결정문이 법원에서 온다. 채무자나 소유자(보증인)가 아닌 점유자를 상대로 인도명령을 신청한 경우에는 신문절차를 거쳐야 하므로 기간이 1~2주 더 걸릴 것이다. 그리고 명도소송은 약 3~4개월 정도 있으면 판결문이 법원에서 온다.

■ 송달

이 결정문이나 판결문은 집행받을 사람에게도 송달이 되지만 간혹 늦어지는 경우가 생기면 경락인이 직접 법원에 송달해 줄 것을 신청하게 된다. 송달도 엄연히 법이 정한 강제집행의 절차이므로 당사자간에 임의로 해서는 안 되며 반드시 법원을 통해서 송달해야 한다.

송달의 종류는 다음과 같다.
- 우편송달 : 가장 일반적인 송달의 형태이다. 등기우편으로 법원에서 판결문이나 결정문을 집행 당할 사람에게 보낸다.
- 집행관송달 : 법원에서 집행관이 직접 판결문이나 결정문을 송달한다. 이 집행관송달에는 일반적인 집행관송달과

야간특별송달이 있다. 주간에는 사람이 없고 밤에 와서 잠만 잔다든가 하는 경우에는 이 야간특별송달에 의해서 해결하게 된다.
- 공시송달 : 법원게시판에 공고함으로써 송달이 된 것으로 보는 제도이다.
- 발송송달 : 집행을 당할 사람(송달을 받을 사람 즉 '수송달자'를 뜻함)이 송달을 받고 안 받고를 따지지 않고 발송을 함으로써 송달이 되었다고 보는 제도이다.

■ 집행관사무소에 접수

법원으로부터 강제집행을 해도 좋다는 판결이나 결정을 받으면 집행신청을 집행관사무소에 접수시킨다. 즉 강제집행을 위임하는 것으로, 법치국가에서는 자력집행이 금지되어 있다.

아무리 죽을 죄를 지은 사람이라고 해도 마음대로 죽여버리면 살인죄에 해당하듯이 재산이 있으면서도 빚을 갚지 않는다고 채무자의 가재도구를 임의로 집어오면 절도죄에 해당한다. 또한 집을 분명히 비워주어야 마땅한데 막무가내로 버티고 있다고 해서 힘으로 끌어내면 주거침입 및 폭행죄에 해당한다.

강제집행을 집행관사무소를 통해서 하는 이유는 법원은 집행기능이 없기 때문이다. 그래서 법원의 판결과 결정을 받아 집행관사무소에 접수시키는 것이다. 형사사건의 경우 사형, 징역 등 형의 집행은 교도소에서 하는 것과 같은 이치이다.

■ 집행

퇴출과 반출은 어떻게 다를까? 퇴출은 안 나가고 버티는 사람을 끌어내는 것을 말하며, 반출은 가재도구와 집기를 들어내는 것을 말한다. 집행관이 이러한 퇴출과 반출을 완료함으로써 명도집행도 완료된다. 만일 집행관에게 대항할 경우 공무집행방해로서 형사처벌을 받게 된다.

집행관은 실질적 의미의 공무원이다. 민사집행에서 포괄적이고도 강력한 권한을 갖고 있어서 필요한 경우 경찰은 물론 국군의 원조를 요청할 수도 있다. 하지만 아직까지 국군이 동원되는 것을 본 적은 없다. 여하튼 집행관은 임용직이고, 임기제이며, 집행관법의 규율을 받는다.

배당

경락인과 직접적인 연관은 없지만 배당에 대해서도 알아보자. 배당은 경락인이 납부한 경락대금을 법에 명시된 절차에 따라 채권자들에게 나눠주는 것이다.

본래는 배당이라는 말을 안 쓰고 변제라는 말을 써야 한다. 변제는 경매매득금으로 모든 채권자를 만족시킬 수 있을 때 쓰는 말이고, 배당은 경매매득금으로 모든 채권자를 만족시킬 수 없어 돈을 떼이는 채권자가 있을 때 쓰는 말이다.

경매매득금이란 낙찰대금에서 경매비용을 뺀 금액인데, 변제라는 용어는 거의 안 쓰고 배당이라는 용어가 일반화된 것을 보면 경매에서는 채권자가 돈을 떼이는 일이 비일비재함을 금방 알아차릴 수 있을 것이다.

배당은 일단 경락인과는 무관하게 이루어지는 만큼 응찰시에 고려할 투자요령과 관련된 것만 알아두면 될 것이다. 다만 경매물건에 매우 빈번하게 나타나는 소액임차인 배당에 대해서는 자세히 설명해 나가도록 하겠다.

■ 배당절차는

시중에 나와 있는 경매 관련 서적들 가운데 배당절차에 대해 잘못 설명한 경우가 적지않게 눈에 띈다. 법에 관한 사건에 있어서는 "어느 책에서 봤다더라" 또는 "유명한 누가 그러더라" 하는 식으로 주워들은 지식에 의존하기보다는 이른바 전문가를 활용하는 편이 유리할 것이다.

■ 배당을 받기 위해서는

등기부상의 권리를 업고 있는 채권자는 채권계산서를 제출한다. 등기부 외의 채권을 갖고 있는 경우에는 이를 증명하는 서류와 배당신청서를 제출한다. 배당신청서와 채권계산서를 함께 제출해도 무방할 것이다. 배당요구서와 채권계산서의 양식은 모두 부록에 수록되어 있다.

그리고 날짜를 엄수하자! 배당신청은 입찰기일까지 하는 것이 원칙이다. 물론 경매를 직접 신청한 채권자는 이런 것에 따로 신경 쓸 필요는 없을 것이다. 왜냐하면 과거에는 경매신청시에 들어가는 경매예납비용을 줄이기 위해서 채권액을 축소시켰다가 나중에 확장하는 '청구 확장'의 편법을 썼으나 지금은 청구 확장이 허용되지 않는다.

배당신청을 한 뒤에는 더 이상 할 일이 없다. 그냥 기다리면 되는 것이다. 무엇을 기다리는가? 낙찰자가 대금납부를 하면 약 2주일 이내의 날짜로 배당기일이 잡히는데 배당받을 채권자는 이를 기다리면 되는 것이다.

■ 배당기일

배당재판은 입찰(경매)이 이루어진 경매법정에서 하는 것이 일반적이다. 채권자나 임차인 등 '배당기일소환장'을 받은 사람은 이 날 출석하여 자신의 순번이 될 때 재판석 앞으로 나가 자신이 받을 채권액이 제대로 정해졌는지만 확인하면 된다. 배당재판이라고 해서 별다른 것은 없다. 그저 입찰할 때의 절차와 비슷하게 생각하면 될 것이다.

소액임차인의 경우 명도확인서를 준비하지 못했다가 당황하는 것을 종종 목격하게 된다. 명도확인서는 늦어도 배당기일 재판까지 준비해야 소액임차보증금을 간단하고 원만하게 수령하게 된다. 그리고 명도확인서에는 경락인의 인감도장이 찍혀 있어야 하며, 경락인의 인감증명(법원 제출용)도 첨부되어야 한다.

　소액임차인은 배당순위에 있어 1순위 근저당권자보다도 앞서는 특순위이다. 그러나 어디까지나 경매매득금(경락대금－경매비용)의 1/2 이내의 범위에서이다. 즉 소액임차인들이 받을 배당금을 합계한 금액이 경락가액의 1/2을 초과할 경우 그 초과하는 금액만큼 공평하게 감액된다.

　일반 채권자들도 법원이 정해 놓은 배당절차를 따라가기만 하면 배당금을 수령하는 데 별다른 문제가 없을 것이다. 「인수신청」이나 「상계신청」 또는 「배당이의의 소」가 문제되고 있다 하더라도 여기에 직접 해당되지 않는 한 별 지장을 받지 않는다.

　과거에는 소액임차인 우선변제를 받기 위해 허위 신고가 들어오더라도 눈감아 주는 분위기가 없지 않았으나 최근에는 이와 관련하여 '공탁 후 배당이의의 소 제기'라는 민사소송은 물론 형사문제로까지 확대시키는 경우도 있다.

　채권자이든, 채무자이든, 소액임차인이든 한 발자국씩 물러서서 상식에 따르는 자세가 필요할 것으로 보인다. 자신의 입장만 내세우다가 안 되면 법적·불법적인 방법을 가리지 않고 실력행사를 하게 되면 서로 상처만 깊어질 뿐이다.

경매정보 보는 요령

경매정보를 얻는 방법

법원경매를 통해 부동산을 낙찰받기 위해서 가장 먼저 할 일은 원하는 지역의 어떤 물건이 어느 때 경매되는지에 관한 정보를 얻는 것이다.

경매물건에 관한 정보를 얻는 방법은 다음의 세 가지이다.

1. 입찰기일로부터 2주 이전에 해당 법원에 의해 공고되는 신문광고
2. 대법원의 인터넷 법원 경매정보
3. 경매컨설팅 업체에서 제공하는 경매정보지와 인터넷 경매정보

이 가운데 신문공고는 특정한 신문에만 실리지 않고 여러 신

문에 번갈아가면서 게재되기 때문에 경매물건에 대한 정보를 놓치지 않고 파악하기가 어려운 점이 있다.

　대법원의 인터넷 경매정보는 전국의 경매물건을 법원별로 검색할 수 있고 적어도 매각기일 1주일 전부터는 응찰하고자 하는 물건의 감정평가서와 임대차 현황조사서, 매각물건 명세서 등을 검색할 수 있다.

　그외 경매물건의 관련 당사자나 항고·송달 여부 등도 확인이 가능하다.

경매정보를 읽는 법

　인터넷 등에 오는 경매물건법 정보를 보는 요령에 대해 간략히 소개해 보겠다.

①다음쪽의 '경매정보 견본'에서 보듯이 맨 왼쪽 부분에 사건번호, 경매신청 채권자, 물건특징이 나온다. 이 물건의 경우 '99-32307'이 사건번호, 국민은행이 경매채권자, 김철수가 경매 당한 채무자이다. 만약 [국민은행, 김철수, 안성쉬처럼 사람 이름이 하나 더 있다면 국민은행이 경매채권자, 김철수가 채무자, 안성수가 소유자이다. 이는 보증인이 개입된 경우로서 안성수가 바로 보증인이다. 그리고 '15층 아파트'라는 것은 이 물건이 15층짜리 아파트라

경매정보 읽기

① 사건번호 · 권리관계	② 소재지	③ 면적(㎡) · 임차관계	④ 권리분석	⑤ 감정가액 · 최저경매가 · 경매결과
99-32307 국민은행 김철수 15층 아파트	경기도 성남시 분당구 서현동 75 삼성아파트 104동 702호	대 60/(6367) 건 105(방 4) 김승익 2,000 전입 97. 7. 6 확정 97. 7. 9 배당 99. 6. 20 안종만 1800 전입 98. 4. 2 확정 99. 3. 4 배당 99. 6. 21	가압 98. 6. 7 860만원, 기술신용 가압 98. 10. 4 1,500만원, 신용보증 임의 99. 5. 24 국민은행 근저 97. 3. 2 2억 국민은행 근저 97. 7. 8 3억 한국리스	400,000,000 256,000,000 99. 7. 8 유찰 99. 8. 11 유찰

는 뜻이다.

② 물건의 소재지이다. 입찰대상 물건의 주소지가 지번 · 동 호수까지 기재된다.

③ 등기부상의 면적과 임대차 관계가 기재된다. 과거에는 '정, 단, 묘, 보(평)'와 같이 척관법으로 면적을 표시했으나 최근에는 미터법에 의한 '㎡'를 주로 사용한다. 임대차 관계는 통상 임차개시일과 임차보증금액을 기재하고 있다. 여기서는 김승익이 2,000만원에 전세를 살고 있으며, 주민등록 전입일자는 97년 7월 6일이다. 임대차계약서에 확정일자를 97년 7월 9일에 받았으며, 99년 6월 20일에

법원에 배당신청을 하였다.

④ 등기부에 기재된 권리관계가 나열된다. [가압 98. 6. 7, 860만원, 기술신용]은 기술신용기금에서 98년 6월 7일자에 860만원으로 가압류한 것이다. [임의 99. 5. 24, 국민은행]은 국민은행에서 경매에 넘긴 날짜이다. [근저 97. 3. 2, 2억, 국민은행]은 국민은행에서 97년 3월 2일자에 2억원의 근저당권의 권리를 갖고 있는 것이다.

⑤ 감정가액·최저경매가·경매결과 순서로 기재된다. [400,000,000 256,000,000]은 이 물건의 감정가(최초경매가)가 4억원이며, 이번 경매의 최저입찰가액(최저경매가)이 2억5,600만원이라는 것을 의미한다. 또한 [99. 7. 8 유찰 99. 8. 11 유찰은 이전에 경매가 시행됐는데 두 번 유찰된 것을 의미한다. 여기서 유찰이라는 표현은 정식용어가 아니다. 정식용어로는 '경매불능' 또는 '입찰불능'이라 한다.

2장_
경매로 내 집 마련하기

경매재테크가 내 몸에 맞는가

경매와 나와의 궁합은

『사상의학』에 따르면 절대적으로 누구에게나 좋은 약은 없다고 한다. 또한 사람을 살리는 좋은 명약으로 알려진 것들도 체질에 따라서는 독이 될 수 있다고 한다. 사람의 체질은 때에 따라서 바뀌는 경우도 있으며, 젊었을 때에는 잘 듣던 약이 세월이 흐르면서 체질이 바뀜에 따라 잘 듣지 않게 되는 경우도 있고, 반대로 어렸을 때에는 복용을 해도 효과를 보지 못하던 약이 나이가 들어서는 잘 듣는 경우도 있다고 한다.

재테크도 마찬가지이다. 처해 있는 상황에 따라 경매가 맞을 수도 있고, 조금 더 돈을 주더라도 일반매매로 사는 것이 오히려 나을 수도 있다. 또는 부동산의 소유권을 취득하기보다는 세를 살거나 리스 등의 제도를 이용하는 것이 더 나을 수도 있다. 아니면 주식이나 채권투자 등으로 자금을 운영하는 것이 나을 수도 있으며, 뮤추얼펀드 가입이나 금융상품 등으로 자금을 굴리는 것이 보다 효율적일 수도 있다.

재테크는 이익 추구를 그 기본으로 한다. 따라서 재테크를 하기 위해서는 무엇이 이익이 되는가를 먼저 확실히 해두지 않으면 안된다. 여기서 중요한 사실은 똑같은 재테크 방법도 누가 사용하느냐에 따라, 또 어떤 상황에 처해 있느냐에 따라 득이 될 수도 있고 독이 될 수도 있다는 점이다.

그러므로 부동산 경매에 참여하기 전에 먼저 경매재테크가 자신과 맞는지 생각해 볼 필요가 있다. 하지만 부동산 경매를 공부함으로써 비공개시장이면서 국지적(지역적)·폐쇄적 성격을 갖고 있는 일반 중개시장에 비해 공개시장·경쟁시장의 특성에 따라 발빠르게 움직여야 하는 부동산 경매시장의 가격 움직임을 사전에 파악하고 법적 재산인 부동산의 권리분석에 대해서 안목을 갖게 되는 측면은 경매재테크에 직접 뛰어들지 않는 사람에게도 필요할 것이다.

자신에게 맞는 재테크 방법을 개발하자

재테크에도 종류는 매우 많다. 주식도 있고, 채권투자도 있으며, 부동산 투자도 있다. 또한 주식투자를 하더라도 작전주 등의 종목 위주로 투자하는 방법이 있고, 기술적 자료 등을 이용한 차트분석을 통해 투자하는 방법이 있다. 부동산에 투자하는 경우에도 개발을 통해 높은 이익을 보는 사람이 있는가 하면, 경매를 통해 투자하는 사람도 있다.

그런데 여기서 한 가지 명심해야 할 점이 있다. 그것은 이들 다양한 투자방법이 모두 그 자체로는 우열을 논할 수 없다는 것이다. 5년이면 5년, 10년이면 10년이라는 일정한 기간을 놓고 보았을 때, 이들 투자방법들은 거의 유사한 투자성과를 올리기 때문이다.

중요한 것은 한 가지 투자방법이라도 얼마나 제대로 구사할 수 있느냐이며, 주식이 채권보다 좋고 경매가 개발사업보다 낫다는 단순비교는 성립 자체가 불가능하다.

또한 경매물건에 대해서 "어떤 물건은 좋고, 어떤 물건은 나쁘다"는 말이 있을 수 없다. 시세보다 싸게 낙찰받았느냐, 비싸게 낙찰받았느냐는 사실만으로 경매재테크의 성패가 결정되는 것이다.

경매로 내 집 마련하는 것이 적합한 경우는

외국에 이민 갔다가 돌아온 경우

외국에 나가 장기간 체류하다가 귀국한 사람들은 '집도 절도 없는(?)' 가운데 현금만 많은 경우가 있다. 이러한 경우에는 임시로 친척집에 잠시 머물든가 하면서 경매로 집을 알아보는 것이 좋을 것이다.

다만 이 경우에는 다음의 2가지를 염두에 두도록 한다.

첫째, 조금 더 입찰가격을 높이더라도 대금납부가 빠르고 입주가 원만한 물건이 좋으므로 가급적 채무자나 소유자 또는 소액임차인이 거주하는 물건에 응찰하도록 한다.

이런 물건의 경우에는 잔금기일이 빨리 잡히는 것은 물론 잔금 지급 후 명도를 받는데도 수월하므로 외국에서 오랜 기간 체류하면서 고국의 물정에 다소 어두워지기 마련인 해외동포들에게 무난해 보이기 때문이다.

둘째, 자신이 없다면 차라리 믿을 만한 전문가에게 의뢰하라. 해외에서 오래 체류하다 보면 아무래도 국내 물정에 어두울 수밖에 없다. 재테크는 머리로만 하는 것이 아니다. 경험을 바탕으로 신념을 갖고 발로 여기저기 뛰어다녀야 하는 것이다. 주관이 없으면 주변에서 하는 이 얘기 저 얘기에 흔들리게 되는데 이러한 부화뇌동의 투자자세로는 결코 성공할 수 없는 것이 재테크의 세계이다.

집을 구입하는 것은 생활공간을 선택하는 것과 동시에 전재산에 의한 재테크라는 성격을 갖게 된다. 예컨대 투기를 원하지 않더라도 자신이 사는 아파트가 계속 가격이 내려가거나 제자리 걸음인데 비해 다른 지역은 집값이 오른다면 장기적으로는 재산가치가 줄어들게 된다.

따라서 갖고 있는 집값이 다른 지역의 집값만큼은 올라주어야 하고, 부동산시장의 침체로 집값이 내리더라도 다른 지역의 집값이 내리는 폭 이상 내리지 않아야 한다.

역이민자가 반드시 명심할 점이 있다. 국적의 선택은 재테크보다 중요하고 또한 부동산 재테크를 반드시 동반한다.

세를 살다가 집을 새로 구입하려는 경우

경매의 가장 큰 단점은 잔금일(대금지급기일)에 집값(낙찰대금)을 모두 치르고 나서 명도문제를 해결해야 한다는 데 있다. 물론 낙찰대금을 모두 납부함과 동시에 경락받은 집의 소유권을 넘겨받게 되므로 1~2개월 동안에 걸쳐 합의를 통해 내보내면 큰 무리는 없을 것이다. 다만 못나가겠다고 버틸 경우 인도명령이나 명도소송을 통해 내보내게 되는데 인도명령의 경우에는 약 1개월, 명도소송의 경우에는 약 3~4개월 정도 소요된다고 보면 될 것이다.

이처럼 대금납부와 명도가 동시에 이루어지지 않는 경매와는 달리 일반 중개업소의 거래는 다음과 같이 순차적으로 거래가 이루어져서 한 사람의 이동이 다른 사람의 이동을 잇달아서 파급시키는 성격을 띠게 된다.

① 갑돌이가 자신이 살고 있는 집을 파는 계약을 한다.
② 갑돌이는 이제 새로 이사 갈 집이 필요하므로 ①에서 계약한 잔금날짜에 맞추어 이사 갈 집을 사는(또는 세 들어갈) 계약을 한다. 이때 그 집이 을돌이의 집이라고 가정하자.
③ 갑돌이는 이제 집을 사고파는 문제가 해결됐으나 을돌이는 이제부터 이사 갈 집을 구해야 하므로 ②에서 계약한 날짜에 맞추어 새로 이사 갈 집을 계약하게 되는 것이다.

여기서 반드시 지켜야 할 수칙이 있는데 그것은 '자신이 현재 살고 있는 집을 뺀 후(계약한 후)에 그 날짜에 맞추어 새로 이사 들어갈 집을 구한다'는 것이다. 이 절차를 거꾸로 해서 새로 이사 갈 집부터 구해 놓고 살고 있는 집을 뺄려고(팔거나 세를 놓거나) 하면 날짜를 맞추기 어려워 계약금(새로 이사 들어갈 집)을 날리는 낭패를 볼 위험이 있게 된다.

이와 같이 부동산중개 거래는 한 사람의 이동이 수십 건의 이동을 순차적으로 발생시킴으로써 순환고리가 형성되는 반면, 경매에서는 현재 살고 있는 집을 팔고 그 날짜에 정확히 옮겨갈 집으로 이사 가는 것이 쉽지 않다. 여기서 이사를 한다는 것은 법적 표현을 빌리자면 '명도를 받는 것'을 의미한다.

또한 일반 중개업소 거래에서는 계약하는 날 잔금일자를 확정하게 되고 이 잔금일자에 이사를 하게 되는데, 경매에서는 물건에 따라서 대략적인 예측은 가능하지만 낙찰받는 날에 언제 잔금을 내게 될 것인지를 확실히 예측할 수가 없다.

이상을 종합하면 다음과 같은 결론을 얻을 수 있다.

"자신이 소유한 집에 직접 거주하고 있고 다른 재산이나 현금이 없는 관계로 지금 살고 있는 집을 팔아서 그 돈으로 이사 갈 집을 구입하는 입장이라면 경매는 부적합하다. 하지만 현재 세를 살고 있으면서 지금 살고 있는 전세금에 돈을 보태서 집을 새로 구입하려는 입장에서는 경매가 적합하다."

사실 집을 구입하려는 실수요자의 대부분이 세를 사는 경우이며, 이들은 주로 신규 아파트를 분양받는 데에 지대한 관심을 기울인다. 이들의 경우 생각을 조금만 바꾸면 이익을 크게 창출할 수 있다.

예를 들어 보자!

갑돌이는 현재 5,000만원에 전세를 살고 있으며 주식, 은행예금 등의 동원 가능한 현금이 8,000만원 있는데 이제 셋방살이를 청산하고 아파트를 분양받을 계획이다.

여기저기 신문에 나는 분양광고를 뒤적이던 갑돌이는 어느 날 자신이 원하는 지역에서 26평 아파트를 분양한다는 광고를 보고 청약을 할 것에 대해 고려하고 있다.

분양가는 1억3,000만원(기반시설이 갖추어진 기존 시가지의 경우 이 정도의 아파트는 1억5,000만원에서 1억6,000만원 정도의 시세를 형성함)이고, 공사기간은 2년으로 되어 있다. 그런데 입주시 취득세·등록세를 납부하고 등기를 해야 하므로 그 비용도 고려한다. 취득세·등록세율은 6%를 조금 넘을 수도 있고, 5%를 조금 넘을 수도 있다. 만일 취득세와 관련해 세제혜택을 받게 되면 분양대금의 약 5% 정도면 해결이 가능할 수 있다.

다만 분양에 의한 취득이나 경매로 인한 취득시에는 취득세·등록세의 산정기준이 되는 과세표준으로 분양가액 또는 낙찰가액이 그대로 잡히게 되므로 취득·등기비용의 측면에서는 같은 평형대를 전제로 할 경우 경매가 오히려 분양보다 유리하다고 할 수 있다. 경매의 경우 분양가격보다는 최소한 20% 정도는 싸기 때문이다.

아파트를 분양받을 경우 청약에서 입주에 이르는 기간은 보통 2년 정도라고 할 수 있다. 그런데 계약금과 중도금은 물론 잔금까지 입주 전에 모두 해결해야 분양받은 아파트에 입주하는 것이 가능해진다.

그러므로 분양받을 경우 단순히 분양대금만으로 주변시세와 비교하는 것은 경매에서 낙찰가와 시세를 단순비교하는 것보다도 훨씬 더 잘못된 것이라고 할 수 있다. 이는 시세가 2억 정도 나가는 아파트를 1억9,500만원에 낙찰받고 흐뭇해 하는 왕초보의 모습을 상상한다면 이해가 갈 것이다.

청약에서 입주까지의 기간이 2년인 아파트를 분양받은 경우라면 기간이 2년짜리인 정기적금과 비교하면 되겠다. 2000년 2월을 기준했을 때 은행금리가 약 10%이므로 원금불입액이 1억3,000만원인 2년짜리 정기적금의 경우 만기에는 약 1억5,500만원 정도가 될 것이다. 즉 갑돌이가 분양받은 비용은 1억3,000만원이 아니라 1억5,500만원인 셈이다.

집을 사는 것은 일생에서 몇 번 안 되는 큰 결정인 만큼 갑돌이는 가능한 구입방법 가운데 하나인 법원경매에 대해서도 한 번 검토해 보기로 하였다.

경매는 신규 분양 아파트를 낙찰받는 것이 불가능하므로 기존 지역의 것을 찾아 보기로 하였다. 물론 기존 지역인 만큼 낙찰받은 후 1~2년 후에 되파는 것도 어렵지는 않을 것이다.

26평짜리 아파트를 1억2,000만원에 낙찰받고 낙찰받은 지 3

개월 후에 입주하는 것으로 가정하고 손익계산을 해보니 다음과 같이 나왔다.

- 낙찰가 : 1억2,000만원
- 취득·등록세 : 750만원
- 기타비용 : 300만원
- 합계 : 1억3,050만원

이제 결론을 내보도록 하자!

분양을 받을 경우 1억3,000만원에 받더라도 이자비용 등을 감안한 실제 부담비용은 1억6,000만원에 이르게 된다. '통계수치의 허구'라는 말이 있듯이 분양가 1억3,000만원을 집값으로 보는 것 역시 숫자놀음에 불과하다.

결국 분양받은 아파트가 입주할 즈음에 1억6,000만원 정도 나가야 갑돌이에게는 손익분기점 상태가 된다. 그런데 이런 상황에서는 갑돌이가 분양받은 아파트만 값이 오르겠는가. 오히려 기존 시가지의 아파트 값이 더 많이 오르는 것이 보통이다.

하지만 갑돌이가 경매로 아파트를 구입한 후 이 아파트를 1년쯤 후에 1억8,000만원 정도에 팔고 입주시기가 임박해 온 분양권 매물을 구입한다면 적잖은 시세차익을 보는 것이 가능해진다.

물론 현재 세를 살고 있는 갑돌이가 가지고 있는 현금만으로 낙찰대금 1억2,000만원과 부대비용을 해결하는 것이 어렵게 느껴질 수도 있겠으나 현재 살고 있는 전세금에 해당하는 금액만큼은 경락잔금 융자의 형태로 금융기관에서 대출받으면 어렵지 않게 해결이 될 것이다.

 여기서 잠깐!

분양의 함정

"다시 없는 기회!"
"30평 가격으로 40평에서 넓게 살자!"
"○○생활권에서 파격적인 가격으로 모십니다!"
"융자 70%-30%만 준비하십시오!"

아파트 분양광고를 보면 거의 천편일률적으로 이런 광고문구가 등장한다. 이러한 광고문구를 보면 제값 주고 기존의 지어진 아파트를 구입하는 것은 물론이거니와 현재 갖고 있는 아파트에 그냥 눌러 사는 것조차 왠지 잘못하고 있는 것 같은 느낌을 들게 한다.

○○생활권 지역과 ○○지역의 값이 같을 수 있을까? 예를 들어 일산지역과 일산 생활권인 교하지역의 값이 같을 수 있겠는가. 그리고 왜 70%를 융자해 주는지에 대해서도 생각해 보자. 이것은 두 가지로 해석이 가능하겠다.

첫째, 건설회사가 서민들의 내 집 마련을 쉽게 할 수 있도록, 또는 분양이 쉽게 끝나도록 하기 위해서 70% 융자를 알선하는 것이다.

둘째, 신규 분양 아파트가 입주 후 1~2년 사이에 경매되면 대개 분양가의 80% 수준에서 낙찰된다. 이렇게 되면 분양가의 70%만큼 융자해 준 것을 대부분 회수하게 된다. 그러므로 이를 염두에 두고 70% 융자를 알선하는 것이다.

경매재테크 요령

경매 참가자의 두 가지 유형

경매로 집을 사는 사람들을 크게 2가지 유형으로 나누어 볼 수 있다.

하나는 집이 필요한 실수요자이고, 다른 하나는 직업으로서 집을 사고 파는 것, 속칭 '집떼기'이다.

■실수요자

실수요자가 집을 살 때 고려해야 할 사항은 경매는 정확히 이사날짜를 예상하는 게 어렵다는 것이다.

이미 설명했듯이 일반 중개업소 거래를 통한 매매에서는 살던 집을 먼저 빼고 그 날짜에 맞추어서 새로 이사 들어갈 집을 구하면 되지만 경매는 그렇지가 않다.

■ 집떼기

경매도 엄연히 하나의 직업이 될 수 있다. 즉 집떼기로서 매매차익을 노리고 사고 파는 일인데, 경매로 싸게 낙찰받아 명도문제를 해결한 후에 되파는 방법을 생업으로 삼는 것이다.

일반 중개업소 거래를 통해 구입한 후 다시 판다면 이는 투기행위로 비난을 받아야 마땅하겠으나 경매를 통해 싸게 낙찰받아서 명도문제를 해결하여 '정상물건'으로 만들어 되판다면 이는 다소의 위험을 감수하고 이익을 노리는 모험이자 법원이라고 하는 국가기관의 행위에 협조하는 것이기도 하다.

또한 경매를 통한 집떼기는 만만찮은 이익과 시간적 여유를 동시에 주는 괜찮은 직업이기도 하지만 다른 한편으로는 상당한 위험이 따르는 만큼 몇 가지 짚고 넘어가야 할 점이 있다. 특히 다음 사항들을 명심하여야 할 것이다.

① 차입을 자제한다.
② 시간을 사고 판다.
③ 한번에 큰 이익을 노리지 않는다.
④ 뇌동매매는 죽음이다.
⑤ 일반매매와의 비교는 필수

차입을 자제한다

부동산을 사고팔 때는, 특히 사는 입장에서 보면 그 구입목적이 실수요이든 투기수요이든 집떼기이든 차입에의 충동을 억제하기가 쉽지 않다.

1억짜리를 사려 했던 사람에게는 1억2,000만원이나 1억3,000만원짜리 물건이 눈에 들게 되고, 2억원짜리 집을 보러 다니는 사람에게는 2억5,000만원에서 3억원짜리 집이 세상에서 제일 좋게 보일 수 있다.

그렇지만 갖고 있는 돈은 한정이 있으니 결국 대출을 받는 수밖에 없게 된다. 대출을 받아 보다 큰 집을 사는 것은 한편으로는 매우 현명한 판단이라고도 할 수 있다. 괜찮은 물건을 대출을 끼고 잡는다면 이자를 갚고도 분명히 이익이 더 커진다. 그런데 문제는 이런 식으로 '더' '조금만 더' 하고 밀어붙이다 보면 한계가 없게 된다.

증권투자도 마찬가지이다. 처음에는 갖고 있는 현금의 일정부분만으로 주식을 샀다가 얼마쯤 지난 후에는 갖고 있는 돈 다 털어서 주식을 사게 되고 결국은 신용거래를 통해 외상으로까지 주식을 사는 투기성을 띠게 된다. 그러다가 종국에는 신용거래로도 만족을 얻지 못하고 손실 또는 이익이 6.7배로 확대되는 선물거래에 손을 대게 되는 것이다.

본래 경매물건은 적당히 범위를 넓게 잡고 있어야 제대로 고르는 것이 가능해진다. '나는 어느 동(洞)의 어느 아파트 몇 동(棟)의 중간층이 마음에 드니까 다른 물건은 쳐다보지도 않겠다'는 생각이 확고한 사람이라면 경매로 구입하는 것은 사실상 불가능하다.

또한 경매로 집을 사려면 가격도 적당히 여유가 있어야 한다. 예를 들어 구입가격으로 1억원 정도를 예상하고 있다면 약 8,000만원에서 1억2,000만원 사이에서 낙찰을 받는 것이 바람직하다. 그런데 문제는 1억원짜리 아파트를 생각하고 있던 의뢰인에게 8,000만원짜리 물건을 권하면 화를 내는 상황까지 발생한다는 데 있다. 결국 1억원 또는 그 이상의 물건을 추천해야만 한다는 얘기다.

최근 들어 개인적으로 응찰하는 경우가 많아졌는데 이때도 마찬가지일 것이다. 다만 이때는 자신이 계획한 낙찰가에 맞는 물건을 찾으려고 하면서 최저입찰가에만 연연하는 경향이 나타날 수 있다.

최저입찰가는 말 그대로 최소한 이 가격 이상으로 응찰하여야 한다는 하한선의 역할을 하는 것이다. 따라서 최저입찰가가 낮게 정해진 물건을 이 최저입찰가로 응찰한다면 낙찰은 기대하기 힘들 뿐만 아니라 이런 식으로 경매장만 쫓아다니며 시간을 끌다보면 낙찰받을 시기를 놓치게 될 우려가 높다.

그러므로 적당한 물건이 나오면 평수가 약간 작다거나 하는 등의 이유로 본래 예상했던 가격보다 조금 낮아도 눈높이를 낮추어야 한다. 그리고 약간 큰 물건이 나오면 전체 집값(낙찰가)의 20% 정도는 융자를 받는다는 융통성도 필요하다.

단, 융자를 받을 때는 가급적 전체 집값(낙찰대금)의 30% 이상을 넘지 않는 것이 좋다. 융자를 끼고 살 경우 지나고 나서 손익을 따져보면 결국 금융기관만 좋은 일 시켜주는 셈이 될 가능성이 높다.

시간을 사고 판다

이제 부동산도 사두기만 하면 계속 올라주던 시기는 끝났다고 해야 할 것이다. 특히 아파트의 경우 과거와 같은 희소성에 따른 상승세가 마감되었으며 다음과 같이 '상승 → 하락 → 상승'의 사이클을 형성하고 있다.

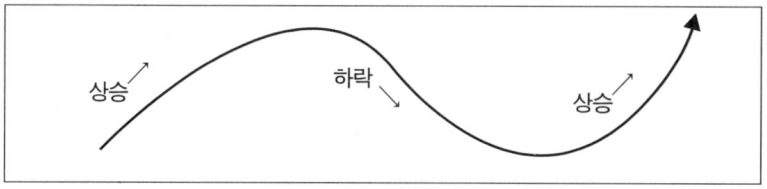

부동산 경매시장도 마찬가지이다. 오히려 이러한 '상승 → 하락 → 상승'의 사이클식 패턴이 더 뚜렷한 편인데 이것은 공개경쟁방식으로 처리되는 법원경매시장의 특성에 기인한다고 해

야 할 것이다. 즉 폐쇄적이고 지역적 성격이 강한 일반 중개업소거래에 비해 가격현상이 확실하게 추세변동을 하는 것이다.

이것은 경매를 잘못 받아서, 즉 비싸게 낙찰을 받아서 피해를 보는 상황이 반복적으로, 그리고 주기적으로 발생하는 것을 의미하기도 한다.

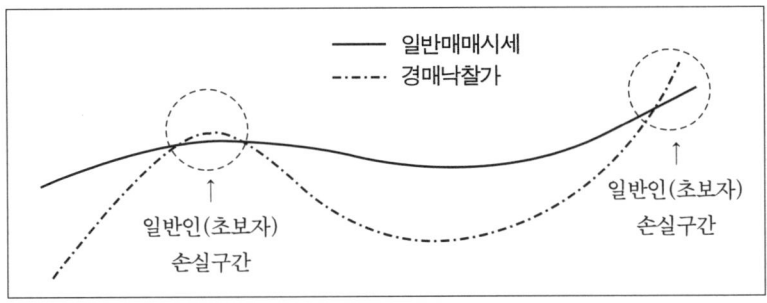

위의 그림에서 원으로 표시된 부분이 바로 문제되는 부분이다. 신문이나 TV 등에서 '법원경매에 뛰어들었다가 비싸게 낙찰받았다'는 뉴스가 나오는 시기가 바로 이 시기이다.

경매의 낙찰가는 오르내림이 심하다. 공개경쟁시장의 성격이라고도 할 수 있는데 주식시장을 떠올리면 이해가 쉬울 것이다. 또 공개시장에서는 분위기에 휩쓸리기 쉬운 탓에 낙찰부터 받고 보자는 식으로 성급해지려는 경향을 보이게 된다. 이것은 주식시장으로 치면 오르는 가격을 쫓아가서 매수하는 추격매수라고도 할 수 있다.

이제는 경매에서도 '현 시세의 몇 퍼센트에 낙찰받았다'는 것에 그다지 비중을 두지 않고 있다. 그보다는 앞의 그림에서와 같이 낙찰받는 시점과 대금을 납부하는 시점 그리고 열쇠를 넘겨받는 시점을 예측해서 투자전략을 세워야만 이길 수 있다는 데 관심을 두고 있다.

예를 들어 낙찰받는 시점에서는 비록 시세보다 10% 정도 싸게 받았다 하더라도 낙찰에서 대금납부 시점까지의 기간 동안에 시세가 10% 이상 올라준다면 결과는 20% 이상 싸게 사는 셈이 된다.

그러나 제아무리 싸게 샀어도 6개월 이상 열쇠를 넘겨받지 못하면 결국 시세차익에서 남긴 이익을 금융비용으로 다 까먹게 된다. 가령 1억원에 낙찰받은 집을 1년 이상 그저 바라만 보고 있어야 한다면 은행이자만 쳐도 500~700만원의 손실이 발생한 것이나 다름없다.

경매는 재테크이다. 재테크를 어렵게 볼 필요는 없지만 경솔하게 덤빈다면 그 대가를 피할 수 없게 된다. 특히 금융시장의 영향을 바로 받게 되는 경매시장이야말로 재테크의 종합예술의 성격을 띤다고 볼 수 있다.

한번에 큰 이익을 바라지 않는다

재테크에 성공하기 위해서는 "비싸게 사서 싸게 팔아라!"는 말이 있다. 아파트 같은 부동산이든 증권시장에서 거래되는 주식이든 그 공통적인 특징은 천장권에서 가장 싸게 보이고 바닥권에서 가장 비싸게 보인다는 것이다.

시세가 붙는 물건은 부동산이든 주식이든 '오직 오름시세에서만 사는 것'이며 '떨어지는 칼을 손으로 받지 않듯이' 싸졌다고 해서 덥석 투자해서는 안 되는 것이다.

그런데 한번에 대박을 터뜨리려다 보니 제대로 된 투자자세를 지키지 못하는 경향이 있다. 적정한 이익의 개념 즉, 수익률 개념을 갖고 있어야 '무릎에서 사서 어깨에 팔 수 있게' 되는 것이다.

부동산시장도 이제는 '수익과 위험'의 조화 속에서만 이익을 보는 것이 가능해지고 있다. 안전한 여유자금으로 장기적으로 투자를 하는 것과 시세차익을 바라고 매매를 하는 것과는 엄연히 구별되어야 한다. 또 높은 수익을 얻기 위해서는 높은 위험도를 감수하여야 하는데 여기서 위험이 높다는 것은 다음의 상황을 의미한다.

① 크게 벌거나 잃거나 한다.
② 단기가 아닌 장기투자이다.

주식이나 부동산을 사고팔아서 생활비를 벌 경우 '좀더, 좀

더' 하는 식으로 기약없이 장기로 끌고 감으로써 자금을 묶어 놓는 것을 경계하여야 한다.

경매의 경우 일반 매매시세와 비교하여 일정한 시세차익이 바로 나타날 수 있으므로 1년에 3~4회만 낙찰받아서 팔면 훌륭한 직업(?)이 될 수 있겠지만 이 경우도 큰 욕심을 내서는 안 될 것이다. 생활비를 벌겠다면서 임야를 낙찰받는다면 이는 생업으로 주식투자를 하면서 작전주를 집중 매수하는 것이나 다를 바 없다.

뇌동매매는 죽음이다

경매에서 대금납부를 포기함으로써 입찰보증금을 떼이는 사고의 대부분이 권리분석의 하자에서 비롯되기보다는 비싸게 낙찰받은 데서 비롯된다.

특히 부동산은 취득·등기는 물론 양도와 관련해서도 적지 않은 세금이 붙는 경향이 있으며, 경매 부동산의 경우 열쇠를 넘겨받는 데 2~3개월 또는 그 이상 소요되는 경우가 적지 않다. 여기에 권리분석에서조차 하자가 있을 경우 충격은 더욱 커지게 된다. 거기에다 부동산은 본래 환금성이 주식이나 다른 금융상품보다 낮으므로 돈이 잠기게 된다. 결국 한 번의 실수로 10번 번 것을 모두 잃게 될 수 있는 것이다.

재미있는 것은 입찰경쟁이 높았던 물건 가운데서도 드물지 않게 하자가 나타난다는 것이다. "반풍수가 사람잡는다"고 주변에서 "어떤 물건이 좋다더라"는 얘기가 나오면 마치 그 물건의 권리분석 등의 문제가 해결된 것처럼 얘기가 부풀어져 나가게 된다.

경매는 권리분석상 하자가 없어도 낙찰받은 가격에서 8~10%를 붙여서 봐야 한다.

예를 들어 1억에 낙찰받은 경우를 생각해 보자.

- 취득가액(낙찰가) : 1억
- 취득 · 등록세 : 약 650만원
- 컨설팅비용 : 약 200만원(컨설팅업자를 통한 경우)
- 이사비용 : 약 200만원
- 합계 : 약 1억1,050만원

경매라고 할지라도 부동산과 관련된 만큼 이와 같은 거래비용이 들게 된다. 이러한 거래비용은 일반 중개업소 매매에서도 필연적으로 수반되는데, 경매에 사람이 몰리는 이유 중 하나는 최소한 거래비용만큼은 뽑을 수 있다는 계산이 내재되어 있기 때문이다.

다시 말하건대 권리분석에서까지 차질을 빚었다거나, 주변에서 이익이 날 것이라는 말에 혹해 무리한 융자를 받는다거나 하게 되면 큰 낭패를 볼 위험이 있으므로 경솔한 판단을 삼가도록 유의해야 한다.

일반매매와의 비교는 필수

"1억2,000만원짜리 아파트를 1억에 낙찰받고 나서 취득세·등기비 내고 컨설팅 비용 내고 이사비 몇 푼 주고 나면 뭐가 남나요?"

경매물건 취득에 관심이 있는 사람들과 대화를 할 때 답답함을 느끼게 하는 대목이다.

1억2,000만원짜리 아파트를 일반매매로 사면 취득·등기비용이 들지 않고 중개수수료는 내지 않아도 되는가? 이런 생각이 문제가 되는 것은 바로 그 이면에 "경매는 무조건 남는다"라는 허황된 편견과 "유찰이 많이 된 물건이 좋은 물건이다"라는 성급함이 도사리고 있기 때문이다.

앞에서 예로 든 물건을 일반매매로 1억2,000만원에 구입했다고 가정해 보자.

- 취득가액 : 1억2,000만원(매입가격)
- 취득등록세 : 약 ?원
- 중개수수료 : 약 ?원(어려워서 계산 못하는 게 아니다)
- 합계 : 약 1억2,700만원

이제는 수익률의 시대이다. '뭐가 좋다더라' 해서 사재기하고 '뭐는 안 된다더라' 해서 무조건 피하는 것은 결국 자신에게 손해이다. 요모조모 따져보고 사는 것이 더욱 중요해졌다.

경매도 투자방법의 하나이다

경매에 대한 편견을 버려라

'경매' 하면 가장 먼저 떠오르는 것이 바로 딱지를 붙이는 것이다. TV 드라마를 보면 철없는 자식이 집안을 들어먹어서 얼마 후에 그 집에 집행관이 찾아온다. 집행관은 빨간 딱지를 가재도구에 붙이고 이 와중에 노부모가 충격을 못 이겨 쓰러지는 장면을 종종 접하게 된다.

결국 여기서 '망하는 것=딱지 붙이는 것'의 등식이 성립되는데, 가재도구 등에 딱지를 붙이는 것은 동산(動産) 경매와 관련한 것이다. 부동산에는 딱지를 붙인다는 것이 성립될 수 없다. 그 대신 등기부에 '경매등기'를 함으로써 경매물건이라는 표시를 하게 된다.

등기부등본(갑구)

고유번호 1146-1996-031086

서울특별시 강남구 압구정동 450외 4필지 한국아파트 제5동 제906호

표시번호	대지권종류	대지권비율	등기원인 및 기타사항
77. 소유권대지권	197322분의 122	1986년 6월 25일 대지권	
78. 소유권대지권	197322분의 122	1986년 6월 25일 대지권	
79. 소유권대지권	197322분의 122	1986년 6월 25일 대지권	
80. 소유권대지권	197322분의 122	1986년 6월 25일 대지권	
81. 소유권대지권	197322분의 122	1986년 6월 25일 대지권	
			부동산등기법시행규칙부칙 제3조 제1항의 규정에 의하여 1998년 11월 04일 전산이기

[갑　구]　　(소유권에 관한 사항)

순위번호	등기목적	접수	등기원인	권리자 및 기타사항
1 (전 5)	소유권이전	1981년 5월 9일 제36008호	1981년 5월 8일 매매	소유자 홍길동 성남시 분당구 서현동 87 금성아파트 108동 1004호
2 (전 6)	임의경매신청	1998년 10월 24일 제69076호	1998년 10월 16일 서울지방법원의 경매개시결정(98타경84122)	채권자 서울방직주식회사 서울 영등포구 여의도동 10
				부동산등기법시행규칙부칙 제3조 제1항의 규정에 의하여 1변 내지 2번 등기를 1998년 11월 04일 전산이기

* 실선으로 그어진 부분은 말소사항을 표시함.　　　　*등기부에 기록된 시항이 없는 갑구 또는 을구는 생략함.

발행번호 11419911406199046010960025LK0310419NOG6862713111121　　6/7　　발행일 1999/04/02

등기부등본을 떼어보면 「갑구」에 '경매개시 결정'을 나타내는 등기를 하게 되는데, 이런 물건을 일컬어 '임의(또는 강제) 경매개시 결정의 기입등기가 경료된 부동산'이라고 부른다. 쉽게 표현해서 경매물건 즉, 경매부동산인 것이다.

앞의 등기부등본 견본을 보면 갑구의 등기목적란에 '임의경매신청' 그리고 등기원인란에 '서울지방법원의 경매개시 결정'이라는 문구가 나오는데 바로 이런 식으로 표시되는 것이다.

경매는 왜 싼가

부동산은 개별성이 강하다. 즉 같은 물건이 2개 존재하지 않는다는 것이다. 예컨대 '대치동 미도아파트 102동 304호'라는 물건은 지구상에 하나밖에 존재하지 않는다.

부동산이 갖고 있는 이러한 개별성은 부동산의 지역성과 맞물리면서 부동산시장을 매도자 시장(Seller's Market)으로 만들게 된다. 다시 말해서 물건을 파는 사람이 내놓은 가격을 받아들일 것인가, 받아들이지 않을 것인가를 매수할 사람이 결정하여 받아들인다면 매매가 성립하는 것이다.

이것이 바로 주식시장과 다른 점이라고 할 수 있다. 주식시장은 증권거래소라고 하는 하나의 장소에서 전국에 있는 모든 상장기업들의 주식이 거래되므로 매도자와 매수자간의 균형에 의해 그때그때 기민하게 변동된다. 반면에 부동산은 그 부동산이 위치한 지역의 중개업소에 매물을 내놓으면 구입할 사람이 그 지역의 중개업소에 찾아가서 구입해야 된다.

이처럼 매도자시장의 성격을 갖다 보니 부동산은 매도자의 주관적 가치에서 완전히 벗어나기 힘들다. 매도자는 그 부동산의 소유자 즉, 집주인을 말하는데, 집주인의 입장에서는 자신의 집에 대하여 "이게 어떻게 마련한 집인데"라는 주관적 가치를 갖게 되며 집주인이 내놓는 가격에는 이러한 주관적 가치 부분이 포함되기 마련이다.

그런데 경매에서는 최저입찰가만 법원이 정해 주고 이 가격 이상에서 가장 높은 가격을 제시한 사람이 낙찰을 받게 함으로써 매수자들이 제시한 가격으로 거래가 되는 것이다.

예를 들어 어떤 집이 경매에 부쳐졌고 그 집의 최저입찰가가 6,400만원(감정가는 1억원에 2회 유찰되었다고 가정한다)이며 이 물건에 대해 다음과 같이 응찰자가 있었다고 해보자.

① 갑돌이 : 6,500만원에 응찰
② 을돌이 : 6,700만원에 응찰
③ 병돌이 : 6,800만원에 응찰

이 경우 경매에 부쳐진 집의 집주인이 아무리 자신의 집이 1억원 이상 값이 나간다고 생각하더라도 이 집은 병돌이에게 6,800만원에 팔릴 수밖에 없는 것이다. 부동산 경매는 법원이라는 일정한 장소에서 사는 사람이 가격을 정하게 되므로 집주

인의 주관적 가치가 배제되는 것이다.

　경매가 일반매매에 비해 값이 싼 또 하나의 이유는 경매는 일반매매에 비해 다소 위험이 따른다는 점이다. 하지만 이런 위험은 그리 중요한 것은 아니며 조금만 주의를 하면 충분히 대처가 가능하다.

　여하튼 부동산은 법적 재산으로 사소한 하자에 의해 가격이 크게 떨어지며, 또 이렇게 떨어진 가격은 그 원인이 된 하자가 치유되면 바로 원상회복되는 속성이 있다. 경매물건은 낙찰이 되면 법적 부담으로 작용한 저당권이나 가압류 그외 후순위 가등기 등이 모두 말소된 깨끗한 상태로 소유권이 이전된다.

급매보다는 경매가 낫다

　부동산 거래를 하다 보면 간혹 불필요한 편견에 빠져 있는 사람들을 볼 수 있다. 이는 부동산이라는 물건 자체가 전재산의 집약체인 성격을 갖다보니 잘못 알려진 상식이나 뉴스거리가 입에서 입으로 옮겨 다니는 동안 확대되고, 또 부동산을 사고 파는 일에 대해 주변에서 불필요한 훈수(?)를 하는 경우가 많기 때문으로 보인다.
　필자는 경매 알선을 주업으로 하는 컨설팅업 일선에 있으면서 간혹 이렇게 주장하는 사람을 접하곤 한다.
　"경매는 이것저것 다 빼면 싸게 산다고 해도 그게 다 남는 것이 아니다. 아파트의 경우 등기비용 내고 이사비용 일부 주고 나면 10~20% 정도밖에 싸지 않다. 경매장에 여러 번 왔다갔다 하고 눈치 봐가며 응찰하느니 차라리 급매가 더 낫다."
　이 말에 대해 왜 타당성이 없는지 설명해 보겠다.
　괜찮은 지역의 33평 아파트의 경우 '현금이나 다름없다'고 할 만큼 환금성이 좋다. 이런 물건을 20% 정도 싸게 샀다고 가정해 보자. 물론 명도비용이나 등기비용 등을 감안해서 20%가 남는다는 의미이다.
　이럴 경우 2억원짜리 아파트라고 한다면 3,000~4,000만원이 절약된다. 이 돈을 일반 샐러리맨이 모으려면 적어도 5년 이상은 허리띠를 졸라매야 할 것이다. 보통 낙찰을 한번 받기 위해서는 약 5회 정도 응찰을 하게 되는데 이 정도의 노고라면 수지가 맞는다고 보아야 할 것이다.

그리고 급매가 더 위험할 수 있다. 우리나라의 경우 부동산에 대한 애착이 상당히 높은 편인데, 이것은 미국·일본과 매매 빈도수를 비교해 보면 확연히 드러난다. 이런 문화적 여건에서 자신이 소유하고 있는 부동산을 싸게 판다는 것은 사실상 기대하기 어렵다.

내가 내 집을 싸게 팔고 싶지 않은데 다른 사람인들 싸게 팔겠는가? 그래서 중개업소에 가보면 매물마다 '급매물'이라는 명칭은 즐비하지만 급매물다운 급매물은 눈을 씻고 찾아보아도 쉽게 눈에 띄지 않는다. 이러다 보니 일부 중개업소에서는 '급급매'라는 표현까지 쓰고 있으나 '급'이라는 글자가 하나 더 붙은 것 말고는 별로 차이가 없다.

개중에는 시세보다 5%에서 드물게는 10% 가까이 싼 것이 눈에 띌 때도 있지만 이 경우 등기부를 떼어보면 예외없이 이미 경매가 진행 중인 물건이거나 아니면 경매에 넘어가기 직전인 물건들이다.

경매의 경우에는 선순위 저당권과 가압류를 위시한 부동산상의 부담들이 낙찰과 더불어 소멸하지만 일반매매의 경우에는 모두 매수인에게 승계가 된다.

경매에서 전체 물건의 약 10% 정도는 매매와 관련된 분쟁이 있는 물건들인데 이것은 곧 등기부에 등재되지 않은 매수자가

계약금 또는 중도금을 치른 상태에서 경매에 넘어간 것을 뜻하는 것이다. 이 경우 매수인은 계약금이나 중도금 또는 집값을 떼이게 된다. 반면에 이렇게 경매에 넘어간 물건을 낙찰받더라도 경락인에게는 아무런 지장이 없다. 즉 깨끗한 물건으로서 경락인에게 소유권 이전되는 것이다.

그러면 계약금이나 중도금을 떼인 매수인은 어떻게 되는가? 이 돈을 받은 원래의 집주인 즉 경매 당한 사람에게서 받을 도리밖에 없다. 당사자들간의 채권·채무에 관한 문제일 뿐이다.

이와 같이 '싸다'는 말에 혹해서 앞뒤 가리지 않고 달려든 매수인이 돈을 떼일 수밖에 없게 되는데 이미 망해버린 집주인은 행방이 묘연해지는 것이 다반사이기 때문이다.

자기 투자법의 중요성

다음은 국내 정상급의 모 경제전문 잡지에서 경매재테크 관련기사를 발췌 요약한 것이다. 이 내용들 가운데 현실과는 다소 맞지 않은 부분이 있어 항목별로 설명해 보려고 한다.

① 근린상가를 경락받을 경우 월임대료를 사전에 파악하는 게 중요하며 이때 월임대수익이 총투자비용 대비 8% 이상이면 '알토란 상가'로 분류된다.
② 나이트클럽, 단란주점, 유흥주점, 성인오락실, 사우나, 목욕탕 등이 입점한 근린상가는 피해야 한다.
③ 이면도로변 상가는 피하는 것이 좋다.

먼저 첫 번째 항목에 대해 말해 보겠다. 월수익이 8%라면 연수익은 96%(8%×12개월)이다. 그러나 이는 단순히 산술적인 월수익률의 합계이므로 이를 복리계산하면 1년에 100%가 넘게 된다. 이 얘기는 5억 투자한 사람일 경우 1년 만에 투자원금 5억을 모두 회수하게 된다는 것인데, 이것이 어느 나라 얘기인지 쉽게 납득이 되지 않는다. 물론 1980년대에는 경매시장의 질서가 문란했고 폭력조직 등의 개입으로 이런 고수익을 올리는 경우가 왕왕 있었다. 그러나 당시에도 이런 수익률은 아주 특별한 고수익에 해당하는 것이었다.

다음은 두 번째 항목에 대해 말해 보겠다. '단란주점, 성인오락실, 목욕탕 등이 입점한 근린상가는 피해야 한다'고 했는데, 근린상가의 개념이 무엇인가?

술집과 목욕탕이 들어 있지 않은 근린상가는 그만큼 잠재고객이 받쳐주지 않는 것을 의미하며, 이런 것들은 근린상가로 보기보다는 상가주택 정도로 보아야 할 것이다.

경매는 "공급은 그 자체가 수요를 창출해 낸다"는 '세이(Say)의 법칙'이 철저히 통용되는 곳이다. 모든 경매물건은 반드시 소화되도록 되어 있는 곳이 경매시장이다. 다만 응찰가를 조정하는 것이 필요할 뿐이다. 즉 명도가 쉬운 물건은 응찰가를 높이고, 명도가 어려울 것 같은 물건은 그만큼 응찰가를 낮추면 되는 것이다.

필자는 경매상담사 과정을 강연하면서 유흥업소나 목욕탕 등은 명도에 애를 먹는 경우가 있으므로 주의해야 한다고 강조하곤 하였다. 이것은 이런 묵시적 비용을 감안하여 응찰해야 한다는 것을 지적한 것이지, 응찰하지 말라는 것은 아니다.

마지막으로 이면도로변 상가는 피하는 것이 좋다는 의견에 대해 말해 보겠다. 이런 식으로 가다 보면 '은행에 예금하는 것' 외에는 할 것이 없게 된다. 이면도로 상가와 대로변 상가는 나름대로의 장·단점을 지니고 있으며, 이 같은 장·단점 또한 지역별로 차이가 크기 때문에 획일적으로 규정하는 것은 바람직하지 않다.

3장_
경매에 대처하는 방법

경매 취하 및 응찰 요령

　어느 날 경매를 당하게 되면 여러분은 어떻게 할 것인가? 물론 이런 일은 없어야 하겠지만 세상만사가 어디 내 맘대로만 되는가? 살다 보면 이런 일 저런 일 당해 볼 수 있는 것이고 그 가운데 어느 날 '경매를 당하는' 상황도 생길지 모르는 일이다.
　경매가 전혀 남의 일만은 아닐 수도 있다. 그러므로 미리 알아두면 만약의 경우 당황하지 않고 의연하게 대처할 수 있을 뿐만 아니라 다른 사람에게 도움을 줄 수도 있을 것이다.
　비유컨대 자신이 비명횡사로 죽을 것으로 생각하는 사람만이 생명보험에 가입하는 것은 아니지 않는가? "생명보험에 가입해 놓으면 잘 죽지도 않는다더라!"는 우스갯소리가 꼭 우스갯소리만은 아니다. 위험은 대비하고 있는 동안에는 비켜가기 마련이다. 더욱이 현재 경매를 당하고 있는 경우라면 더 말할 나위도 없다.

경매를 당한 경우라 할지라도 상황이 모두 같지는 않을 것이다. 채무자 겸 소유자로서 스스로 진 빚을 갚지 못해 경매를 당하는 경우도 있고, 보증을 잘못 섰다가 경매를 당하는 경우도 있을 것이다. 또 세를 잘못 들어서 경매를 당하는 경우도 있고, 모처럼 큰맘 먹고 분양을 받았다가 분양업자나 건설회사의 파산 등으로 인해 경매를 당하는 경우도 있을 것이다.

그러면 경매 당한 경우를 아래와 같이 유형별로 나누어 대처요령을 알아보기로 하자.

① 채무자 겸 소유자인 경우
② 보증인인 경우
③ 세입자인 경우
④ 분양받은 경우

채무자 겸 소유자인 경우

스스로 빚을 지고 이를 갚지 못해 경매를 당하는 만큼 본인 명의로 부동산을 되찾기 위해 응찰하는 것은 허용되지 않는다. 그러나 아주 방법이 없는 것은 아니다. 채무자 본인 명의로 낙찰을 받을 수는 없지만 아내나 자식 또는 부모는 얼마든지 낙찰을 받을 수 있다. 그리고 친형제도 낙찰을 받을 수 있다.

이때 다른 사항들은 문제될 것이 없다. 우리나라에서는 엄연히 '부부별산제'이므로 남편이 채무자로서 날려먹은 집을 아내가 바로 낙찰받았다고 해서 아내에게 다시 남편의 남은 빚을 갚으라고 할 수는 없다. 아내의 재산은 아내의 재산이고, 남편의 재산은 남편의 재산인 것이다. 한마디로 말해서 부부의 재산은 각각 별개의 재산인 것이다.

다만 여기서 한 가지 유의할 점이 있다. 남편이 소유권자로 되어 있는 재산을 아내가 낙찰받으면 등기부상에는 남편에게서 아내에게로 소유권이 넘어간 것이나 다름없게 된다. 등기부에 이렇게 기재가 된다고 하더라도 경매에 의한 낙찰은 일반매매에 의한 승계가 아니므로 '채권자 취소권'의 대상은 아니다.

그렇다면 뭐가 문제인가? 쉽게 말하자면 아내는 낙찰받은 남편의 집을 안전하게 지키게 되지만 등기부에는 '남편에게서 아내에게로' 소유권이 넘어간 것이므로 증여세의 대상이 될 수 있다. 따라서 경매에 넘어간 집이 아파트와 같이 기준시가가 현실화되어 있을 경우 집값이 3억을 넘어간다거나 하면 배우자의 응찰을 피하는 것이 좋을 것으로 보인다.

이것은 웬만한 투기지역의 경우 집값이 3억원 이하인 경우가 드문 탓에 자칫 증여세 부담을 떠안을 가능성이 높기 때문이다.

이것 말고도 한 가지 더 주의할 것이 있다. 채무자의 아내나 부모·형제가 응찰할 때는 주변에 이런 내색을 조금이라도 비추면 안된다. 인근의 중개업소에 매매시세나 임대시세를 물어

보는 것도 자제하는 것이 좋다. 시세는 조심스럽게 요령껏 파악해야 할 것이다.

또한 여기저기 물어보러 다니는 것도 금물이다. 물건 자체가 우량할수록 채무자의 가족이 응찰한다는 사실이 알려지면 경쟁자의 응찰가격이 높아지는 건 불을 보듯 뻔한 일이기 때문이다.

집이 경매에 넘어가면 '○○컨설팅업체' 내지는 '○○연구소'라는 곳에서 "경매에 대처하는 법을 알려 주겠다" "이사비를 더 받아 주겠다" "더 살게 해 주겠다" 등등 선심(?)을 쓰는 내용의 우편물을 보내오는 경우가 많다. 이들과는 일체 인연을 맺지 않는 것이 유리하다.

이제까지 법원경매에서는 "채무자의 가족(직계가족인 배우자·부모·형제)이 낙찰을 받게 되면 거의 예외없이 낙찰가가 높았다"는 말이 거의 정설처럼 되어 있다. 그것은 바로 이러한 업체들의 개입 때문이라고 해야 할 것이다.

경매 당한 집에 유인물을 보내는 방식을 주된 영업·홍보수단으로 하고 있는 컨설팅업체라면 어떤 업체인지 한번쯤 짚어봐야 한다. 이렇게 공격적인 광고방법을 쓴다면 낙찰을 시켜 낙찰수수료를 받기 위해 수단과 방법을 가리지 않을 수 없을 것이다.

컨설팅업체라고 해서 다 이런 업체들만 있는 것은 아니므로 주변에 이런 내색을 일절 하지 말고 믿을 만한 컨설팅업자나 변호사를 찾아 조용히 상담을 하고 일을 진행시키도록 한다.

하지만 아무리 채무자 가족이라 하더라도 지나치게 낮은 가격에 낙찰받으려고 욕심을 부려서는 안된다. 이성(理性)은 욕심 앞에서 언제나 무력하다. 그리고 낙찰을 못 받았을 때 초래되는 다음의 상황을 염두에 두자.

첫째, 자신이나 가족에게 살던 집이 경매에 넘어갔다는 심리적 충격을 준다.

둘째, 새로 집을 살 경우 그 집에도 취득세·등록세는 들어간다. 뿐만 아니라 이사비용도 들어간다.

채무자나 소유자 중에는 자기 가족이 응찰할 경우 '경쟁자가 혹시 봐주지 않을까' 하는 어리석은 착각을 할 때가 간혹 있다. 절대 그런 일은 없다. 경쟁자는 응찰가를 올릴 뿐이다. 공정한 게임의 세계에서 당연한 것 아니겠는가?

결론적으로 얘기하자면 경매로 넘어간 집을 되찾기 위해 입찰에 참여할 경우에는 철저히 '내 집(경매물건)과 아무 관련도 없이 응찰한다'는 관점에서 응찰가를 정해야 한다는 것이다.

낙찰을 받으려는 입장에서는 한푼이라도 싸게 받고 싶은 것이 인지상정일 것이다. 문제는 이렇게 싸게 낙찰받고자 하는 심정이 낙찰가를 정하는 판단기준으로까지 작용해서는 안 된다는 것이다.

"이 집은 내가 20년 전에 사서 지금까지 살고 있다. 따라서 이 집에 대해 나만큼 잘 아는 사람은 없다. 이 집은 어떠한 단점이 있기 때문에 시세는 얼마이다. 그러므로 얼마 이상으로는 응찰하면 안 된다. 내가 써내는 응찰가가 가장 훌륭한 응찰가이다."

　이런 자세로는 낙찰받기가 어렵다. 입찰경쟁에서는 경쟁자의 관점에서 응찰가를 정하는 자세가 반드시 필요하다. 아무리 합리적이고 훌륭한 응찰가를 써 낸들 입찰경쟁에서의 2등은 고스톱에서의 2등과 같다.

보증 잘못 섰다가 집을 날리게 된 경우

　이번엔 보증을 잘못 섰다가 집을 날리게 된 경우 이를 되찾기 위한 입찰요령을 살펴보자.
　보증인은 본인 명의로 응찰할 수 있다. 보증인은 채무자가 아닌 담보제공자(물상보증인)이기 때문이다. 이를테면 친구나 친척이 융자를 받으려면 담보가 필요하다고 해서 아파트의 권리증과 인감증명·인감도장을 갖고 가서 도장을 찍어준 것이므로 담보로 제공한 부동산의 범위 내에서 책임을 지게 되는 것이다. 즉 아파트만 날리면 그뿐, 그 이상의 책임을 지지 않는다.
　따라서 보증을 잘못 섰다가 경매로 넘어간 아파트에 응찰해서 낙찰을 받는 데 하등의 지장이 없다. 이런 점에서 채무자와 보증인은 구별이 된다.
　그러나 제3자가 경락을 받는 입장에서는 어떠한가?
　채무자가 자기 집을 날린 경우이든, 보증 잘못 섰다가 날린 경우이든 낙찰받아서 대금납부를 하면 그만인 것이다. 또 경매로 낙찰받은 집에 살고 있는 사람이 채무자이든 보증인이든 차이가 없다. 두 경우 모두 인도명령의 대상이다. 다시 말해서 명도소송이라는 까다로운 소송절차를 거치지 않고도 간단하게 명

| 98-16241 대우전자 김순영 김영철 | 동대문구 휘경동 43-177 외3 극동빌라 가동 1층 105호 준공 86.2.6 *휘경여중 북측 *차량출입 용이 *인근 정류장 소재 *도시가스 시설 *부정형 토지 | 연립 -3층 | 건72.48(29.2평, 방3) 부속지1호 24.16 이미숙-6000-97.10.13전입 97.10.29확정, 98.5.15배당 | 80,000,00 : 100,000,000 서울감정 압류 95.10.26 청량리 세무, 외1 임의 98.4.22 대우전자 가압 5242-98.11.25 인천수협 근저 850-87.12.29 주택/전농 근저 3000-89.5.22 대우전자 근저 2000-90.9.26 대우전자 | 99.09.01 유찰 |

도를 해결할 수 있게 된다.

경매정보지를 보면 맨 왼쪽 위에 '98-16241'이라는 식으로 사건번호가 나오고 바로 그 밑에 「경매채권자―채무자―보증인」이 나란히 나온다.

위의 예를 설명하면 다음과 같다.
• 대우전자 → 경매채권자
• 김순영 → 채무자
• 김영철 → 보증인

이런 식으로 이름이 3개(대우전자, 김순영, 김영철) 나오는 것은 채무자가 보증인의 재산을 날려 먹은 경우이다.

98-25566	동대문구 장안동 40-9	대지	528.2	579,819,920 : 1,769,470,000	98.10.26 유찰
주은영동 -상호 이성연	*성일오피스텔 부지 *공시가 260만 *인근버스, 전철소재 *차량출입 가능 *대중교통 보통 *장방형, 등고평탄 *남측 50m대로 접함 *준주거지역 *2종미관지구		*경매외(제시외)지상12층, 지하2층 근린오피스텔 면적 4800m² 소재 -미준공, 미등기상태이나 현 대부분 분양임대중 소유자 점유 임대차 없음	하림감정 가압 4500-96.7.15 유지상, 외9 압류 97.4.24 청량리세무서 임의 98.6.16 주은영동상호 근저 16억9천-95.11.24 〃 지상 95.11.30. 30년 〃 근저 42000-96.7.1 국민상호 근저 5억-96.10.22 김승철	98.11.16 유찰 98.12.14 유찰 98.01.18 연기 99.03.10 연기 99.05.12 유찰 99.06.09 연기 99.09.01 유찰

위의 예에서는 '98-25566'이라는 사건번호 밑에 '주은영동상호(신용금고)' '이성연'으로 이름이 2개만 나온다. 이것은 채무자가 자기 재산을 잡혔다가 경매 당하는 일반적인 경우이다.

• 주은영동상호(신용금고) → 경매채권자

• 이성연 → 채무자

■ 주의 또 주의!

내가 어떤 부동산의 경매와 관련되었다면 세입자를 제외한 경우에는 자신의 명의로 응찰하지 말아야 한다. 아내의 명의도 가급적이면 피하는 것이 좋다.

보증 서 준 사람이 빚을 갚지 않아 보증인의 집이 경매에 넘어간 경우 보증인이 보증 서 준 사람의 빚을 갚아 경매를 취하시키지 않고 자신이 살던 집에 응찰해서 낙찰받으려는 것은 보증서 준 사람의 채무액이 '낙찰가(예상) + 등록·취득세(예상되는 낙찰가의 6.5%)'보다 많기 때문이다.

그렇지만 이런 단순한 계산이 자칫 피해를 자초하는 꼴이 될 수 있다. 보증을 서는 경우 금융기관들은 대부분 '근보증'의 형태를 요구하게 된다. 근보증을 선 경우 그 형태도 연대보증이라고 보면 거의 틀림이 없겠는데 이 경우 낙찰받아 등기가 떨어지기 무섭게 다시 경매에 넘어갈 위기를 맞게 될 수 있다.

"보증 서는 자식은 낳지도 마라."

오죽하면 이런 말이 다 생기겠는가. 그러나 보증 서 달라는 부탁을 거절하는 게 쉬운 일만은 아닐 것이다. 아무튼 보증 서 주는데 돈이 들지는 않는다. 동사무소에 가서 수수료를 내고 인감증명만 한 통 떼면 그만이다. 하지만 당장 돈이 안 들 뿐이지

나중에 더 큰 비용이 들 수 있다는 점은 분명히 감안해야 한다.

더욱이 처자식과 같이 생활하는 집을 담보로 보증을 서는 일은 인간관계를 떠나 한 가정의 가장으로서의 책임을 스스로 포기하는 일임을 명심해야 한다.

언젠가 평소 알고 지내던 사람이 필자를 찾아와서 이런 대화를 나눈 적이 있다.

"친한 친구가 보증을 서 달라고 부탁하는데 어떻게 해야 할지 고민이에요."

"보증은 서지 않는 게 낫습니다."

"어렸을 적부터 매우 친하게 지내 형제간이나 다름없는 사이인데 거절하기가 힘들어요. 게다가 그 친구 사정이 아주 딱하더라구요. 이럴 때 모른 척하면 친구라고 할 수 없잖아요."

"정 그렇다면 500만원 정도 빌려주세요. 처자식 하고 살고 있는 집을 담보로 보증 서는 것보다는 차라리 돈을 빌려주는 게 낫지 않을까요?"

"빌려주면 되돌려 받을 기약이 없을 것 같은데……."

"……."

바로 이것이 '보증의 함정'이라고 할 수 있다. 500만원을 갚을 것 같지도 않은 사람에게 어떻게 1억원이 넘는 집을 담보로 보증을 설 수 있겠는가? 문제는 보증을 서 줄 때는 당장 돈이 들지 않고, 500만원을 빌려줄 때는 당장 돈(현금)이 나가는 탓에 체감상으로는 부담이 양자간에 정반대로 받아들여진다는 데 있는 것이다.

결론적으로 보증인일 경우에는 보증인 자신이 낙찰을 받는 것이 경매 진행상으로는 가능하지만 채무자의 처(아내)가 낙찰 받는 것보다 위험할 수 있다. 따라서 처나 다른 사람을 내세우는 것이 나을 수 있겠다. 보증을 잘못 서서 한번 경매를 당한 것도 기막힌 노릇인데 재차 경매를 당한다면 더욱 기막힌 일이 아니겠는가.

세를 살다가 경매를 당하는 경우

세를 살다가 경매를 당하게 될 경우의 대처 요령에 대해서는 다음 장의 〈안전하게 세를 사는 방법〉에서 자세히 설명하겠다.

분양이나 임대를 받았는데 경매를 당하는 경우

"인간은 사회적 동물이다."
이 말은 인간은 다른 사람과 부대끼면서 살아간다는 것이며 혼자서는 살 수 없다는 뜻인데, 이는 결국 다른 사람에게 본의 아닌 피해를 주기도 하고 반대로 피해를 받기도 한다는 의미이기도 하다. 여기서 그 피해가 의도적인가, 그렇지 않은가를 따지는 것은 별의미가 없다고 본다.

모처럼 큰맘 먹고 상가나 아파트·오피스텔을 분양 또는 임대 받았는데 분양회사나 건설회사가 파산하여 경매에 넘어간다면 그야말로 황당할 것이다. 그러나 현실은 현실이다. 억울함은 일단 뒷전에 접어 두고 사태 해결에 임하는 것 외에는 다른 방도가 없다.

분양이나 임대를 받았다가 경매를 당하는 경우 반드시 중간에 분양자(사업시행자) 또는 건설회사가 끼어 있다. 이처럼 중간에 다른 사람(또는 회사)이 끼어 있고 이런 과정에서 경매를 당하는 것은 스스로 빚을 갚지 못해 경매를 당하는 것과는 그 양상이 근본적으로 다르다.

좀더 자세히 말하면 노력을 해서 사태를 수습할 수 있는 상황이 있을 수도 있지만, 가만히 앉아서 돈을 떼이고 잊어버리는 것이 차라리 마음 고생을 덜 수 있는 그런 상황도 있을 수 있다.

■ **소유권이 넘어온 상태에서 분양자의 파산으로 경매 당하는 경우**

이 경우는 그나마 가장 희망적인 상황이다. 여기서 '소유권이 넘어왔다' 함은 분양받은 사람 앞으로 소유권등기가 넘어온 것을 뜻한다. 상황이 여기까지 오는 데는 구구한 사연이 있겠으나 각설하고 이런 상황에서 오피스텔이나 상가가 경매된다면 낙찰을 받아 새롭게 소유권을 취득하는 방법과 경매를 취하시키는 방법이 있다.

기왕에 등기를 넘겨받은 분양당사자로서는 소유권을 잃어버리기만 하면 더 이상의 손해배상의무는 없으므로 다음의 관계를 따져 보고 낙찰을 받든가, 경매를 취하시키든가 결정해야 할 것이다. 낙찰을 받는 방법은 일반적인 낙찰 취득과 다를 것이 없으므로 여기에 대한 설명은 중복을 피하기 위해 생략하겠다.

> 갚아야 할 채무액 < 낙찰가격(예상) < 경매물건의 시세

이런 상태에서는 차라리 문제되는 부분을 빨리 갚아버리고 근저당권이나 가압류등기를 말소시킨다.

> 낙찰가격(예상) < 갚아야 할 채무액 < 경매물건의 시세

이런 상황에서는 일단 응찰을 해보고 낙찰을 못 받을 경우 개인 분양자 자신이 부담해야 할 채무액을 놓고 금융기관과 협상을 벌여 등기부를 정리한다.

> 낙찰가격(예상) < 경매물건의 시세 < 갚아야 할 채무액

이 경우 응찰을 했는데 낙찰을 못 받았다면 금융기관과 경매물건의 시세의 범위 내에서 협상을 해본다. 단, 낙찰가격보다 조금 더 제시해야 할 것이다. 만일 금융기관에서 협상에 응하지

않으면 미련없이 포기한다.

■ 입주는 했는데 소유권이 넘어오지 않은 경우

흔히 '가(임시) 사용 승인' 등으로 입주한 경우이거나 또는 임대아파트(훗날 분양으로 전환되는 임대아파트 등)에 입주했는데 경매가 들어온 경우이다.

이런 경우는 일반적으로 세입자가 응찰하는 것이나 다름이 없다. 다만 임대·분양받은 사람이 실수요로 직접 입주한 만큼 세입자가 응찰하는 것보다 다소 불리한데 이것은 낙찰대금을 모두 납부하지 않으면 안 되기 때문이다.

세입자의 경우처럼 전세금으로 일부 충당하고 나머지만 납부한다거나 하는 것이 불가능하게 된다. 따라서 세입자가 응찰하는 것과 다름이 없다는 것은 이사를 가지 않아도 된다는 즉, 명도문제가 없다는 것을 의미한다.

일반인들의 경우 '명도문제가 없다'는 것에 대해 그다지 대단하게 생각하지 않는 경향이 있는 것 같다. 이것은 일반 중개업소 거래와 다를 게 없다는 것을 뜻한다. 게다가 중도금 부담도 없지 않은가? 그 외에도 융자가 쉬워지므로 정 돈이 부족하다면 모자라는 부족분은 융자를 쓴 후에 바로 되팔면 될 것이다. 이렇게 바로 되팔더라도 이익을 볼 것이므로 남긴 돈으로 일반 중개업소 거래로 작은 집을 한 채 산다면 하나도 못 건진 것보다는 나을 것이다.

경매에 한번 맛을 들이면 특히 초보자들일수록 '경매만 하면 남을 것' 같은 착각에 빠져들기 쉽다. 그래서 "오직, 경매!"를 외치며 법원 경매장 주변을 떠나지 못하는 경우를 드물지 않게 본다.

한쪽에 치우치는 것은 '독버섯을 식용버섯으로 보이게 하는 환상'을 심을 우려가 있다. 증권시장에서 작전종목으로 한번 맛을 들이면 대형 우량주들이 주는 20~30% 시세차익은 이익으로도 안 보이는 것과 같은 이치이다.

■ 등기도 입주도 못한 상태에서 경매에 넘어가는 경우

이 경우엔 한마디로 "포기하라!"는 말밖에 할 수 없다.

"법은 현실 속에서의 게임이다."

"안 되는 것은 안 되는 것이다."

이런 말이 괜히 있는 게 아니다. 안 되는 것은 빨리 단념하는 것이 가장 수지가 남는 방법이다. 계약금과 중도금을 낸 것이 아깝겠지만 속을 끓인다고 잃어버린 돈이 다시 돌아와 주지는 않는다.

계약금과 중도금은 냈지만 경매에 넘어갔다는 것은 주택건설공제조합에도 해당이 안 되고, 또 화의신청도 받아들여지지 않았음을 뜻한다.

물론 분양을 받아 계약금과 중도금을 낸 사람들도 일반채권자로서의 지위는 갖지만 분양받은 사람들에게까지 차례가 올 것이 있다면 애당초 경매에 넘어갈 리가 있겠는가?

　여기저기 피해분양자 집회에 기웃거리고 용한(?) 변호사를 찾아 서초동 거리를 헤매어 봤자 찾아간 변호사가 정말로 용하다면 포기하라는 말을 듣게 될 것이고, 용하지 않다면 듣기 좋은 말로 희망을 줄 것이다.

경매에서 법원은 어디까지 책임져 주는가

진짜 소유자가 되려면

일반매매로 중개업소를 통해 아파트를 구입할 때는 등기권리증을 넘겨받는 데에 가장 신경을 쓰게 된다. 이것은 곧 등기부에 소유자로 등기되는 것이 가장 중요한 일임을 뜻한다. 왜냐하면 일반매매에서 부동산을 구입할 경우 그것이 아파트이든, 단독주택이든, 임야이든 간에 등기부에 소유자로 올라가야 비로소 소유권을 획득하기 때문이다.

■ 일반매매에서는 등기되지 않으면 소유자가 아니다

갑돌이가 매수인, 갑순이가 매도인으로 이루어진 아파트 매매계약이 다음과 같이 이루어졌다.

1. 매도인 : 갑순이
   매수인 : 갑돌이
2. 매매가격 : 2억4,000만원
3. 계약상황 :
   계약금 : 2,000만원(99년 5월 6일 계약)
   중도금 : 1억2,000만원(99년 5월 28일)
   잔　금 : 1억원(99년 6월 10일)

　일반적으로 중개업소에서 이루어지는 매매계약의 경우 잔금일에 등기권리증 등 등기 이전에 필요한 서류와 잔금이 맞교환되는 방식으로 이루어진다. 위 계약의 경우 이러한 과정이 정상적으로 순조롭게 이루어졌다.

　그런데 집을 구입하여 잔금까지 치른 갑돌이에게 문제가 생겨 등기를 하지 않은 상태에서 2~3개월 정도가 지났다(양도세나 기타 문제로 등기를 하지 못하는 경우도 종종 나타난다). 이런 상황에서 집을 판 전 소유자 갑순이가 6월 말경에 파산하였다면 잔금까지 다 치른 갑돌이는 소유권을 잃게 된다. 갑순이에게 가압류가 들어오기 때문이다.

　여하튼 소유권은 등기가 넘어가야만이 갑순이에게서 갑돌이에게로 넘어가는 것이며, 집값을 잔금까지 치렀든, 중도금까지 치렀든 그것은 매매당사자인 갑순이와 갑돌이 서로간에 주장할 수 있는 채권·채무관계일 뿐이다.

여기서 채권·채무관계라는 것은 갑돌이는 갑순이에게 집값을 치를 채무를 지고, 갑순이는 갑돌이에게 등기소유권을 넘겨줄 채무를 지는 것을 의미한다. 중개업소의 잔금일에 부동산매도용 인감증명과 집문서를 잔금과 맞바꾸는 관행은 이러한 동시이행적 채권·채무관계의 이행을 위한 것이다.

아무튼 갑순이가 갑돌이에게 등기 이전에 필요한 서류를 모두 제공하였고, 개인 사정으로 등기를 늦춘 것은 갑돌이이므로 갑순이에게 사기죄는 성립하지 아니하고, 다만 부당이득 반환 채무를 지는 것으로 보아야 할 것이다.

그러므로 일반매매에서 매수인이 가장 신경 써서 챙겨야 할 부분은 등기소유권을 넘겨받는 것이다. 실제로 경매에 넘어오는 물건 가운데 상당부분이 매수인이 잔금 다 치르고 집에 입주해 있는 가운데 경매를 당하는 즉, 매도인(전 소유자)이 경매를 당하는 경우가 적지 않다.

■ **경매에서는 잔금만 납부하면 소유자가 된다**

경매에서는 잔금만 납부하면 등기를 하지 않더라도 소유권자가 된다. 그러나 등기를 하지 않아도 소유권을 취득한다고 해서 마냥 등기를 미루게 되면 과태료의 제재를 받는다. 법원에서 지정해 주는 대금납부일자로부터 60일 내에 등기를 하여야 한다.

이처럼 경매에서는 대금납부 자체가 등기를 하는 것과 같은 효력을 갖게 되므로 대금납부는 법원에서 지정해 주는 납부기한 내에 가급적 빨리 하는 것이 좋다. 부득이하게 며칠 늦게 납부하는 것도 가능한데 물론 이때는 연체료를 물어야 한다. 이 연체료율은 법원마다 다소 차이가 있지만 보통은 연 25%를 일수(날짜) 계산하여 부과하게 된다.

■ 전 소유자와는 어떤 관계를 갖는가

법원경매에서 부동산을 낙찰받는다 함은 법원으로부터 부동산을 구입하는 것을 의미한다. 낙찰자는 경매를 당하는 전 소유자(채무자)로부터 부동산을 구입하는 것이 아니라 법원으로부터 사는 것이며, 이는 법원경매에서 법원이 매도자 역할을 함을 의미한다.

따라서 법적인 측면에서 본다면 경매를 당하는 사람(전 소유자·채무자)과 경매에 참가해서 낙찰을 받은 사람과는 관계가 없다고 할 수 있다.

그렇다고 해서 경매를 당하는 사람이 아무런 일도 할 수 없는 것은 아니다. 낙찰자에 대해서 직접적인 영향을 미치는 '경매취하'를 할 권리를 갖는다. 쉽게 말해서 경매를 깨는 것을 의미하는데 경매가 깨지게 되면 경매가 붙지 않았던 상태로 돌아가게 된다.

이 경우 경락인(낙찰자)은 경매기일에 납부했던 입찰보증금을 되찾아 가게 되고 원래의 소유자 즉, 채무자 또는 보증인은 경매에 넘어갈 뻔했던 집을 되찾게 된다.

경매 당한 사람이 위기를 넘기게 되는 것을 '하지 말라'고 또는 '손놓고 있다가 집을 뺏겨라'고 할 수는 없는 노릇이겠으나 문제는 신경 써서 등기부 등을 확인하고 이 눈치 저 눈치 보고 응찰해서 어렵사리 낙찰을 받은 사람의 수고가 그야말로 도로아미타불이 되는 데에 있다.

더구나 낙찰까지 받은 상태에서 입찰보증금만 찾아가야 한다면, 이런 상황에서는 아무리 마음좋은 낙찰자라 하더라도 경매 당한 사람이 위기를 넘기는 것을 좋은 감정으로만 바라보기는 어려울 것이다.

그렇다면 이렇게 경매가 깨지는 것에 대해 낙찰자가 대처하는 방법은 무엇일까?

불행히도 낙찰자는 여기에 대해서 손을 쓸 방도가 없다. 오직 경매가 깨지지 않을 물건을 사전에 가려내는 수밖에 없다. 본래 보증금이나 계약금을 건 상태에서는 계약이 깨질 가능성에 대해서 항상 염두에 두고 있어야 한다.

일반매매에서는 계약이 해제되면 매수인의 경우 처음에 걸었던 계약금만 반환받는 것이 아니라 계약금의 배액을 반환받으므로 계약이 해지됐다고 해서 매수인이 전적으로 손해를 봤다고만은 볼 수 없다.

예를 들어 다음과 같은 상황에서 계약이 해지된 경우라면 매수인은 4,000만원을 돌려받음으로써 2,000만원의 이익을 챙기게 된다.

- 매매가격 : 2억4,000만원
- 계약금 : 2,000만원
- 중도금 : 1억2,000만원
- 잔　금 : 1억원

　그러나 경매에서는 경락인을 위한 이 같은 배려가 전혀 없다. 입찰보증금만 돌려주며 기껏 이자가 붙는다 해도 연 5~6%에 불과하다.

　그렇다면 경매가 일반매매보다도 못하다고 할 수 있는가? 다시 말해서 경매에서의 경락인(낙찰자)의 지위가 일반매매에서의 매수인(계약자)의 지위보다 불안하다고 할 수 있는가?

　단언하건대, 오히려 이와는 정반대라고 할 수 있다. 일반매매에서 매도인은 중도금을 건네받지 않은 상태에서는 언제든지 계약금을 2배로 물어주고 계약을 해제할 수 있다.

　반면에 경매에서는 조금만 주의해서 물건을 선별하면 경매취하(경매를 깨는 것)가 원천적으로 불가능한 물건들이 얼마든지 있다. 즉 입찰보증금만 걸어 놓고도 얼마든지 잔금까지 완납한 것이나 다름없는 효과를 볼 수 있는 것이다.

　필자가 경매상담사(컨설턴트) 과정을 강의하면서 현업에 종사하는 사람들로부터 가장 많이 듣는 고충 가운데 하나가 항고로 인해 대금납부와 소유권 이전이 지연되는 것이다.

　이렇게 되면 낙찰받은 사람의 입장에서는 '내가 낙찰을 받기는 받았는데 과연 저 물건이 내 소유로 될 수가 있을까?' 하는 의구심을 갖게 되고, 물건을 알선해 준 경매업체 직원에게 조바심을 내게 된다.

경매업체를 통해서 경매물건을 소개받은 경우는 그래도 상황에 대한 설명이라도 들을 수 있으므로 좀 낫다고 할 수 있다. 직접 여기저기 수소문해 가면서 개인적으로 응찰한 경우에는 더욱 답답한 심정이 된다. 하루라도 빨리 내 앞으로 등기를 해 놓고 이용하고픈 경락인의 입장에서는 당연한 일일 것이다.

모든 재테크에는 나름대로의 장점과 단점이 동시에 따르게 마련이다. 투자자의 입장에서는 여러 종류의 재테크 상품에 대해서 각각의 장·단점을 비교해 가면서 자신의 입장에 가장 적합하다고 생각되는 재테크의 종류를 선택해야 하며, 그 결과 법원경매가 적합한 것일 경우에만 법원경매에 관심을 갖는 것이 합리적인 순서일 것이다.

법에 있어서 침묵은 금이 아니다

법에 있어서 침묵은 '시인(是認)' 또는 '권리의 포기'를 의미한다. 울지 않는 아이에게는 젖을 주지 않는 것처럼 주장하지 않으면 들어주지 않는다.

■ 응찰과 낙찰의 의미

앞에서도 얘기했지만 법원은 청구가 있은 부분에 대해서만 들어준다. 무조건 신청한다고 해서 다 들어주는 것은 아니고 심리절차를 거쳐서 들어줄 것은 들어주고(인용), 부당한 것은 들어주지 않는다(기각).

경매에 응찰해서 낙찰받는 것은 경매물건의 소유권을 넘겨달라고 신청하는 것을 의미한다. 그리고 법원에서 낙찰허가를 내주는 것은 대금지급기일에 잔금을 모두 납부하면 소유권을 넘겨주겠다는 것을 의미한다.

일단 낙찰허가를 받아 대금납부를 하게 되면 그 경매물건에 법률적 하자가 있고 없고를 떠나 소유권을 넘겨받게 되고 법원에서는 「촉탁등기」라는 형식으로 등기까지도 넘겨주는 것이다.

이처럼 경매에 의한 취득은 대금납부만으로도 일반매매에서의 소유권 이전등기와 같은 효력을 갖게 된다.

■ 집주인 노릇하는 것과 소유권은 별개?

집열쇠를 넘겨받기 위해서는 따로 법원에 신청을 해야 하는데, 「명도소송」 또는 「인도명령신청」이라고 하는 절차가 바로 이것이다.

경매물건에 거주하는 전주인(채무자)이나 세입자와 '이사비용을 얼마간 줄테니까 서로 좋은 방향으로 해결하자'는 식으로 인간적 합의가 이루어진다면 별문제가 없겠으나 '조금만 기다

려달라'는 식으로 시간을 무한정 끌려한다면 결국 법원에 신청하는 방법밖에 없다.

이처럼 불법점유자(채무자·보증인·대항력 없는 세입자)들이 집을 비워주지 않으니 법적으로 해결해 달라고 신청하는 것은 경매물건의 낙찰 및 대금납부와는 별개로 이루어지는 또 하나의 권리행사가 되는 것이다.

경매에서 법원은 대금이 납부되면 소유권을 넘겨주는 데까지만 관여한다. 이 같은 소유권 이전은 절대적이어서 낙찰받은 사람이 다른 사람 앞으로 등기를 하고 싶은 경우에도 일단 낙찰자 본인 앞으로 등기를 한 연후에만 이전등기(매매 또는 증여하는 형식으로)가 가능하게 된다.

결론적으로 일반매매에서는 소유권을 법적으로 무사히 넘겨받는데 신경을 써야 하지만, 경매에서는 열쇠를 넘겨받는데(명도받는데) 신경을 써야 하는 것이다.

■ 명도에 신경을 써야 한다는 것은?

경매에서의 명도만큼 다양한 형태를 갖는 것도 세상에 그리 많지 않을 것이다. 사람과 사람이 부딪치기 때문이다. 그러므로 응찰가를 결정할 때는 미리 '명도가 어떨 것이다'를 예측하여 여기에 드는 비용이나 시간을 반드시 감안하여야 한다. 낙찰가 결정에는 정가가 없다.

경매라고 하면 초보자들일수록 당장 돈이 될 것 같은 환상에

젖어 합리적 계산보다 욕심이 앞서게 되는데, 이런 상태에서는 마음이 급해지고 단순해지는 경향이 있다. 그래서 경매물건은 다 싸 보이고 '감정가의 몇 퍼센트에 낙찰을 받으면 되느냐'는 천편일률적인 생각에 빠져들게 된다.

아파트를 예로 들면 같은 단지 내의 같은 평형, 같은 동, 같은 층에서 같은 시기에 나오는 경매물건이라 하더라도 낙찰가는 달라지게 되며, 명도가 어떨 것이냐, 부동산시장 상황이 어떨 것이냐에 따라 낙찰가는 민감하게 변동하는 것이다.

뛰는 자와 나는 자 그리고 한심한 자

경매와 관련해서 가장 안타깝게 생각하는 일이 있다. 바로 경매브로커의 농간이다. 이들은 낙찰자, 세입자, 원 소유자(채무자) 모두를 피해자로 만든다. 여기에 실제로 있었던 일을 소개해 보겠다. 99년 8월 11일 서울지방법원의 경매진행사건으로 다음과 같은 상황이었다.

- 경매부동산의 소재지 : 관악구 신림동 다가구주택
- 낙찰가 : 1억 60만원
- 부동산 현황 : 폭 2m도로, 대지면적 36평
- 사건번호 : 98타경99438

- 임대차 현황 : 5세대의 세입자(100% 배당받는 왕순위 세입자 1가구, 소액임차인우선변제 대상 3가구, 전세금을 모두 날리는 1가구)

위의 집은 3회 유찰된 끝에 30대의 젊은 여자에게 낙찰되었다. 그런데 그 낙찰자는 경매브로커를 통해 낙찰받았다.

이 경매브로커는 자신이 알선하여 낙찰시킨 위의 집 세입자들에게 가서 "경매를 취하시켜 세입자들이 사거나 다시 낙찰받도록 해주겠다"고 했다. 그래서 세입자들은 그에게 많은 돈을 주고 「낙찰불허가 신청서」를 제출하도록 하였는데 낙찰허가가 나와버렸다. 이에 대한 대처로서 세입자들은 항고하려고 한다. 또 이 경매브로커는 전세금을 모두 날리게 된 세입자에게 전세금을 일부는 되찾을 수 있게 하여 준다고 하면서 200만원을 요구하였다.

이상은 세입자들이 필자를 찾아와 하소연한 내용을 그대로 옮긴 것인데, 이를 다른 각도로 풀이를 해보겠다. 참고로 이들 세입자는 응찰을 하였으나 응찰가를 적게 쓰는 통에 낙찰을 못 받았다.

첫째, 이들 세입자가 경매브로커에게 주었다는 많은 돈은 50만원으로 1세대당 10만원씩 부담한 꼴인데, 이 액수는 세입자 응찰시에 일반적으로 통용되는 액수이므로 세입자들이 아무것도 모르고 준 것만은 아닌 것 같다. 즉 '어떤 때는 얼마쯤 주는

지' 여기저기 알아본 것 같다.

둘째, 일단 낙찰을 받지 못했다면 게임에 승복하는 자세도 필요하다. 이들 세입자는 약간의 손해를 입었으므로 그 손해를 싸게 낙찰받는 것으로 만회하려고 했다. 이러는 것은 인지상정이지만 반면 경매채권자는 피해를 보게 된다. 싸게 낙찰되는 것만큼 경매채권자는 떼이는 채권액이 더 커지게 된다.

셋째, 낙찰불허가 결정이 나오면 그만큼(보통 2~3개월) 경매채권자는 채권액의 회수가 늦어진다. 돈을 빌려준 것이 죄인가?

넷째, 이들 세입자는 항고를 해서 경매브로커와 낙찰자에게 맞서 싸우겠다고 각오를 되새기는 것 같았다. 사실 경매는 대금납입을 하게 되면 별소(別訴)를 제기하는 경우 외에는 대부분 이해관계인의 권리가 소멸하는 만큼 항고제도를 두는 것은 필요하다. 그런데 이런 식으로 남용이 되는 탓에 항고제도의 폐지가 이루어진 것이며 이로 인하여 돈이 없는 서민들에게는 항변의 길을 막아놓고 만 결과가 되었다. 물론 항고제도에 적잖은 피해가 있었음은 자명한 것으로서 폐지는 당연한 측면이 있기는 하다.

다섯째, 전세금을 날리게 될 세입자에게 경매브로커가 한 200만원 정도를 주면 전세계약서를 조작해 주겠다고 했는데 사기꾼의 가장 좋은 표적은 허황된 이익을 바라는 사람 또는 변칙적으로 일을 해결하려는 사람이다.

욕심을 자제하고 적당한 이익에 만족할 줄 아는 사람, 그리고 합법적으로 일을 해결하려는 사람이 사기를 당하는 경우를 본적이 있는가? 몇 푼 더 벌겠다는 집착이 재앙으로 가는 것이다.

　이들 세입자의 대부분이 시세보다 조금 싼 전세금을 주고 세를 살고 있었으며 더욱이 중개업소도 거치지 않았다. 이들은 조금 싸게 세를 준다는 것에 혹했다가 봉변을 당하게 된 것이다.

4장 _
안전하게 세를 사는 방법

주택임대차보호법에 대하여

세(貰)테크 — 세 사는 것도 재테크

세를 사는 것도 지혜다. 입지여건이 좋고 쾌적한 집에 싸게 세를 살면서 남는 돈은 여유자금으로 활용하다가 세 들어 있는 전세자금을 마련하여 괜찮은 부동산이 나오면 재빨리 투자하는 것이야말로 셋방살이에서 내 집 마련으로 가는 '중산층 재테크'의 기본이 되는 것이다.

여기에는 한 가지 전제조건이 뒤따른다. 전세금이 안전하게 보호되어야 한다는 것이다. 즉 전세금을 한푼도 떼이지 않으면서, 원하는 때에 맞춰 차질없이 뺄 수 있어야 한다. 떼이지 않는다 하더라도 1~2년 동안 묶여 고생고생하다가 겨우 이사간다면 일상생활이나 내 집 마련 계획에 적잖은 차질이 생기게 된다.

한편 요즘은 임대사업이 부유층에게만 한정된 얘기가 아니다. 구조조정으로 인해 불가피하게 퇴직자들이 늘어나면서 임대사업에 대한 관심이 높아지고 있다. 이들의 한결같은 고민 가운데 하나가 퇴직금의 운영인데, 이 퇴직금을 운영하는 방법 가운데 가장 무난한 것으로 임대사업이 손꼽힌다. 이것은 임대사업이 안정적인 월수입을 해결해 주는 것은 물론 경우에 따라서는 시세차익을 제공해 주기도 하기 때문이다.

그런데 과거와는 달리 세입자가 임대인과 동등한 지위에서 계약을 하는 것에서 벗어나 임대인측에서 볼 때는 세입자를 일종의 고객으로까지 생각하지 않으면 안 될 만큼 세입자의 권리가 대폭 신장되었다.

따라서 과거의 셋방살이 시절의 세입자 대하듯 임대사업을 할 경우 한마디로 '큰코다칠' 위험이 높은데, 이것은 '주택임대차보호법'에 힘입은 것이다.

이제 주택임대차보호법은 임차인은 물론 임대인측에서도 기본적으로 알아야 할 지식이자 상식이다. 특히 경매를 통해 저렴한 가격으로 내 집을 마련하려는 실수요자들의 경우 주택임대차보호법은 '기본 중에서도 기본'이 된다.

재테크는 얼마나 기본에 충실하였는가의 여부에 따라 승패가 결정된다. 이는 검도에서의 진검 승부와 죽도 승부를 비교한다면 이해가 쉬울 것이다. 단순하면서 상황 대응이 민첩하면 반드시 이기는 것이다.

주택임대차보호법은 필수

　수차례 강조하는 말이지만 법원경매의 모든 절차를 완벽하게 이해하고 있어야만 경매재테크를 잘할 수 있는 것은 아니다. 사실 그런 사람이 몇이나 되겠는가?

　경매에 대해서, 더 나아가 부동산에 대해서 다 알려고 하면 끝이 없다. 전문가로 나설 경우가 아니라면 필수적인 몇몇 부분만 이해하면 경매를 하는 데 무리가 없을 것이다. 다만 중요한 것은 원하는 물건의 종류별로 필요한 지식이나 경험이 달라지게 된다는 사실이다.

　예컨대 토지를 경락받으려는 사람은 법정지상권 등에 대한 지식이나 토지이용 및 거래에 관한 규제 그리고 건축법규에 대한 안목이 필요할 것이고, 상가나 사무실 건물을 경락받으려는 사람은 임대업에 대한 조예와 권리금 및 건물관리에 대한 지식이나 경험이 필요할 것이다.

　그렇다면 아파트 등의 주택(주거용 건물)을 경락받으려면 어떤 지식이 필요할까? 바로 주택임대차보호법에 대한 지식으로 무장하는 것이다. 주택임대차보호법은 사실상 법원경매를 전제로 하여 존재하기 시작했다고 해도 과언이 아니다.

　경매에 대한 상식을 익히면서 주택임대차보호법도 더불어 알아둔다면 꼭 경매재테크를 하지 않더라도 세상살이에 두고두고 도움이 될 것이다. 사람이 한평생을 살면서 자기집에 직접 거주하는 기간보다는 세를 살기도 하고 또 세를 주기도 하면서 자연스럽게 임차인의 역할과 임대인의 역할을 반복하는 기간이 오히려 많기 때문이다.

주택임대차보호법을 모르고서 세를 살거나(임차), 세를 준다면(임대) 그만큼 찾아먹을 것도 못 찾아먹는 것은 물론 치명적인 낭패를 볼 우려도 있다.

따라서 주택임대차보호법에 대해 이 법의 성격과 응용으로 나누어 자세히 설명해 나가기로 하겠다.

주택임대차보호법의 성격부터 파악하자

주택임대차보호법은 슈퍼법이다

주택임대차보호법은 그 발효 당시에 이미 '슈퍼법'으로서 기존 법 테두리의 영역을 넘어서는 효력을 갖고 있었다. 제5공화국 당시의 서슬 시퍼렸던 국보위 시절에 와서야 외부감사에 관한 법률(일명 외감법)과 함께 주택임대차보호법이 그동안 기득권층의 반발로 그 실질적 시행이 지연된 데서 벗어난 점만 보아도 잘 알 수 있다. 그 당시에 임차인은 갖지 못한 자, 임대인은 가진 자로 뚜렷이 구별되어 있었다.

그러나 요즘은 주택보급률이 전국적으로 90%대에 이르고, 아파트의 자가보유율이 40%에 이르는 등 자기집 한 채 갖고 있다는 사실이 조금도 대단한 일이 아니며, 또 크게 내세울 일도 아니다. 그러므로 세입자를 과거와 같이 무조건 사회적 약자로 취급하기보다는 임대차의 한 당사자로 보아 적절한 보호를 하는 쪽으로 입법적 검토를 해 보는 것도 고려해 봄직할 것이다.

현재 임대차관계는 민법에서 규정하고 있다. 그러나 주거용 건물의 임대차관계는 주택임대차보호법의 규정에 따르게 된다. 물론 주택임대차보호법에서 별도로 규정하지 않고 있는 사항들은 민법(보다 정확히는 민법의 전형계약 가운데 하나인 '임대차' 편)의 규정에 따르지만 주택의 임대차관계에서 중요한 사항치고 주택임대차보호법에서 규정되지 않은 것은 없다고 보면 된다.

부동산은 법적 재산이다. 동시에 전재산의 집약체이기도 하다. 부동산의 권리, 의무 등에 관련된 사항들은 등기부에 표시되며 이는 그야말로 물적(物的) 관계를 형성한다.

"매매는 임대차를 깨뜨린다"라는 말은 바로 이런 민법의 부동산에 관한 가장 근본적이고도 대표적인 속성이다. 여기서 매매에는 경매도 포함된다. 또한 보는 관점에 따라서 매매는 승계취득, 경매는 원시취득의 성격을 갖는다.

임대차 관련법

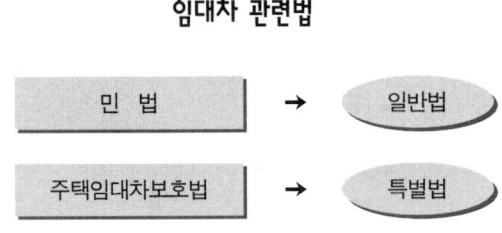

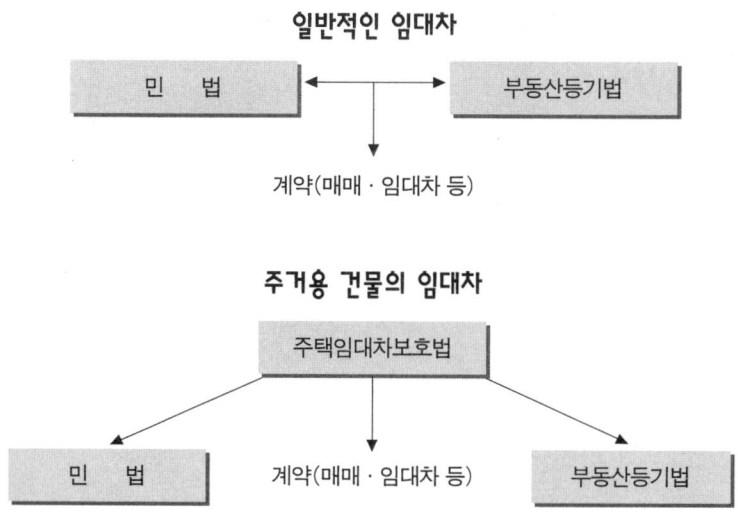

주택임대차보호법은 악법이다?

물론 주택임대차보호법이 악법일 수는 없다. 이 법으로 인해 그동안 자신의 의지와는 무관하게 전세금을 떼이고 거리로 쫓겨날 수밖에 없었던 세입자들이 안심하고 세를 살 수 있게 되었다.

이 주택임대차보호법은 전세계약이 보편화된 우리나라의 실정과 상당히 부합하는 측면이 강하다. 그러나 주택임대차보호법은 상식적인 차원에서(적어도 법 논리상으로는) 합리적으로 운영되던 임대차 분야에서는 기존의 틀을 깸으로써 법이 일반 서민들의 생활과 직접 연관되는 중요한 기능 중의 하나인 '예측 가능성'을 저해하게 된다.

또한 법이라는 것은 한번 만들어지면 이를 회피하거나 악용하려는 사람들도 적잖이 나오게 되는데 이로 인해 '복잡하고 어려운 법'으로 변질될 가능성 또한 높아지게 된다.

인간이 문명생활을 시작한 이래 가장 바람직하다고 칭송을 받는 법으로 중국 한고조의 「법3장」을 들고 있는 것은 그만큼 단순하기 때문이며, 사실 법은 단순해야만이 이해가 쉬워지고 또 이해가 쉬워야만이 '예측 가능성'이 높아져 개인들간의 법률관계라든가 법적 생활이 안정되는 것이다.

복잡한 법조항은 필연적으로 이를 해결하기 위해서 복잡한

법조항을 추가시키는 것이 불가피하게 된다. 주택임대차보호법은 초(超)헌법적이라고 불릴 만큼 많은 예외조항들 즉, 민법에 대한 예외조항들로 구성되는데, 이는 주택임대차보호법만으로 임대차관계를 규정하기가 원천적으로 불가능하기 때문이다.

여기서 반드시 짚고 넘어가야 할 것은 주택임대차보호법은 예외사항들을 규정한 만큼, 확대해석 등으로 효력을 확장시키는 것이 원칙적으로 불가능하다는 사실이다. 주택임대차보호법은 '특별법'이다. 특별법 조항들을 확대해석해 버리면 민법과 등기법 등의 기존의 법체계는 사실상 파괴되기 때문이다.

법은 알면 알수록 어려운 분야이다. 그 외에 인간사에서 어려운 것으로 손꼽히는 분야가 재테크이다. 이 두 가지를 공통적으로 관통하는 원칙이 하나 있는데, 그것은 '순리적으로 대하는 사람만이 수명이 길다'는 것이다. 그리고 경매는 법과 재테크로서의 성격을 모두 갖는다.

주택임대차보호법, 이제 응용해 보자

"구슬이 서말이라도 꿰어야 보배"라고 했듯이 주택임대차보호법과 이와 관련된 민법 및 등기법을 달달 외운다고 한들 무슨 소용이 있겠는가? 필요한 부분만 익혀서 돈이 되게 한다면 그것이 바로 산지식이다.

최근 들어 빈익빈·부익부의 현상 속에서 중산층의 파산이 늘어남에 따라 중·소형 아파트의 경매물건이 눈에 띄게 증가하는 경향을 보이고 있다.

문제는 이런 물건에 세 들어 사는 임차인의 경우이다. 정도의 차이는 있겠으나 전세금을 떼이는 경우가 적지 않은데 이 경우 "호랑이에게 물려가도 정신만 차리면 산다"는 속담처럼 적절히 상황에 대처한다면 피해를 줄일 수 있을 뿐만 아니라 경우에 따라서는 전화위복이 되어 집을 싸게 마련하는 기회가 될 수도 있다. 하지만 잘못 대응하면 오히려 상황을 크게 악화시킬 수도 있다. 즉, 오도가도 못하는 진퇴양난에 빠질 수도 있다는 것이다.

대항력과 확정일자

■ 대항력이란 무엇인가

대항력이란 임차인이 새 집주인에게도 자기의 임차권을 계속 주장할 수 있는 법적 권리를 말한다. 따라서 자신이 세 들어 살던 집이 경매를 당하더라도 대항력을 갖추면 경락인(낙찰자)에게 대항할 수 있다. 이를 달리 표현하면 경락인이 떠안게 된다는 것이다.

그러므로 대항력을 갖춘 임차인이 세 들어 사는 경매물건을 낙찰받은 경우 경락인이 부담해야 할 총비용은 「낙찰금액 + 전세금」이다. 즉, 낙찰받은 가격에다 떠안아야 하는 전세금을 더해야 하는 것이다.

그렇다면 '대항력이 있고 없고'의 차이는 어디서 나타나는가? 세 들어 사는 임차인의 주민등록 전입일자와 가장 빠른 근저당권 일자 또는 가압류 일자를 비교해서 임차인의 주민등록 전입일자가 더 빠르면 대항력이 있는 것이며, 그렇지 않으면 대항력이 없다고 할 수 있다.

여기서 알아둘 점은 대항력과 확정일자는 무관하다는 것이다. 대항력을 갖춘 것 외에 확정일자까지 받아 놓았다면 선택의 폭이 보다 커지는 것으로 이해하면 되겠다.

요즘은 세를 사는 임차인들의 의식수준이 많이 향상되어 자신들의 전세금 정도는 스스로 지킬 줄 알게 되었지만, 아직도 '뻔히 주의를 기울이면서도' 전세금을 날리는 피해사례가 일어나고 있다. 이는 바로 확정일자와 전입일자(대항력)의 착각에서 비롯된 어이없는 사고들이다.

자세한 사항은 다음에서 설명하겠지만, 결론적으로 확정일자만 받아두고 주민등록 전입신고를 하지 않으면 아무 소용이 없다는 것이다. 차라리 주민등록 전입신고만 하고 확정일자를 받아두지 않는 편이 낫다고 할 수 있다.

■ **확정일자란 무엇인가**

확정일자란 용어 그대로 날짜(일자)를 확정짓는 것이다. 그러면 날짜를 확정짓는다는 것은 어떤 의미인가? 어떤 (확정된) 날짜에 어떤 서류가 있었다는 것을 단순히 증명하는 것이다.

확정일자제도가 만들어진 이유는 우리가 흔히 전세계약이라고 부르는 주택임대차계약에서 '가라(空) 계약서'에 의한 허위의 전세금액의 주장을 억제하기 위해서이다.

확정일자를 받는 방법에는 여러 가지가 있다.

첫째, 등기소에서 받을 수 있다. 등기소는 각 구 또는 시·군에 하나씩 있다.

둘째, 변호사(공증) 사무실에서 받을 수 있다.

셋째, 동사무소에서 받을 수 있다. 단, 세입자가 직접 가야 하며 이 경우 주민등록전입과 확정일자가 동시에 이루어진다.

■ 전입은 안하고 확정일자만 받은 경우

이런 경우 아무 의미가 없다고 할 수 있다. 주택임대차보호법의 세입자 보호는 주민등록전입을 전제로 이루어진다. 따라서 '확정일자만 받아두면 안심이다'라는 표현은 '전입을 전제로 확정일자를 받아두면 안심이다'라는 말로 바뀌어야 정확한 것이다.

■ 전입과 확정일자를 모두 한 경우

전입과 확정일자를 모두 하면 살고 있는 집(세 들어 있는 집)이 경매되었을 때 등기부에 설정한 것과 같은 효과를 본다.

그렇다면 어떤 경우에도, 다시 말해 아무 집에 세를 들어가도 확정일자와 전입만 하면 안전한가?

등기부 등이 관계되는 법률문제에서는 '순위'가 왕이다. 등기부에 저당권이나 전세권을 올릴 때 순위가 매우 후순위라면 이것은 추가적인 '돈 낭비'일 뿐이다. 등기부에 이미 덕지덕지 설정이 되어 있는 상태에서 전입과 확정일자를 받아본들 무슨 소용이 있겠는가.

■ **전입만 하고 확정일자를 받지 않은 경우**

이 경우에는 대항력만 인정받는다. 그러므로 배당을 받기는 거의 불가능하다. 다시 말해 경락대금에서 배당을 받지 못하므로 낙찰자에게서 받게 된다. 단, 이를 위해서는 등기부상에 가장 빨리 설정된 권리보다 전입일자가 먼저이어야 한다. 대항력은 2등, 3등이 없다.

그러면 전입을 한 상태에서 확정일자를 받는 것이 유리한가, 아니면 받지 않는 것이 유리한가?

물론 받는 것이 유리하다. 경매에서 배당받아 가는 것을 보면 배당순위가 3번째, 4번째인 경우에도 전세금을 모두 회수하는 예가 적지 않다. 특히 개정된 주택임대차보호법에 의할 경우 확정일자까지 갖춘 왕순위 임차인의 권리가 더 커졌다. 이제는 확정일자를 받는 것이 필수라고 하겠다.

우선변제

소액임차인 우선변제의 경우에도 주민등록전입과 확정일자를 모두 받아야 하는가?

소액임차인 우선변제를 받기 위해서는 등기부의 「갑구」에 경매등기가 오른 날 하루 전까지 주민등록전입이 되어 있어야 한다. 경매등기가 오른 날 이후에 주민등록전입을 한 세입자는 소액임차인 우선변제를 받을 수 없다.

  그리고 소액임차인 우선변제를 받기 위해서는 비싸게 전세를 살고 있으면 안 된다. 소액임차인 우선변제는 영세한 세입자를 보호하기 위한 제도이므로 비싸게 전세를 살고 있는 사람은 정책적으로 보호할 필요가 없다고 보기 때문이다.

  여기서 '비싸다, 싸다'를 나누는 기준은 서울특별시와 인천광역시·신도시와 같은 수도권의 과밀억제권역은 4,000만원, 부산·대전·대구·광주의 광역시는 3,500만원, 군지역 등의 기타 지역은 3,000만원이다.

  이번 개정안은 전세금이 서울과 비슷한 수준인 신도시 지역을 기타 지역으로 분류하였던 종전 규정을 개선하는 데 주안점을 두었다. 그러나 이번 개정안도 '과밀억제권역'이라는 용어에 대한 혼란의 여지를 남겨 놓고 있다.

  이 표에서 임차보증금의 한도가 4,000만원, 배당금액이 1,600

소액임차인이 되기 위한 임차보증금의 한도와 최우선 변제금

	임차보증금(한도)	배당금액(한도)
과밀억제권역 (서울·인천·신도시 등)	4,000만원 이하	1,600만원
광역시 (인천·군 지역 제외)	3,500만원 이하	1,400만원
기타 지역	3,000만원 이하	1,200만원

만원이라는 것은 전세금(또는 임차보증금)이 4,000만원 이하인 세입자에게 1,600만원을 배당해 준다는 의미이다. 즉 세입자에게 4,000만원을 준다는 의미가 아니다.

이 표에서 나오는 임차보증금 한도보다 1원이라도 높다면 소액임차인이 될 수 없다. 이 전세금액의 범위는 결코 에누리나 봐주는 것이 없다.

소액임차인 우선변제의 대상여부를 판별하는 임차보증금 기준에는 봐주기가 일체 없다. 왜냐하면 소액임차보증금 우선변제는 경매등기보다 주민등록전입만 먼저 되어 있으면 '확정일자를 받지 않았더라도 무관하게' 받을 수 있는 특혜적인 영세임차인 보호제도이기 때문이다.

여기서 '특혜적'이라는 말은 등기부상의 여타 근저당권 설정 등과도 무관하게 받는다는 의미이다. 따라서 정상적으로 순위를 따진다면 전혀 배당을 받지 못하는 경우에도 전세금액이 소액임차보증금액 한도 내면 끝순위에서 0순위로 승격(?)되어 받게 된다.

이상과 같이 소액임차보증금 우선변제의 대상이 되는 전세금액과 배당금액은 모두 등기부상의 최초 근저당권(가장 빠른 근저당권)이 2001년 9월 15일 이후에 설정된 경우이다. 왜냐하면 이 소액임차보증금 우선변제는 등기부상의 권리자를 밀쳐 내면서 받아가는 금액이므로 등기부를 아예 무시하는 것은 불합리하기 때문이다.

만일 등기부상에 최초 근저당권이 2001년 9월 14일 이전에 설정되었다면 다음과 같이 우선변제의 대상이 되는 임차보증금과 배당금이 줄어들 것이다.

	임차보증금(전세금)	배당금
서울 등 6대 도시	3,000만원 이하	1,200만원
기타 지역	2,000만원 이하	800만원

만일 등기부상에 최초 근저당권이 1995년 10월 18일 이전에

설정되었다면 소액임차인 우선변제의 대상이 되는 전세금액과 배당금액은 다음과 같을 것이다.

	전세금액(임차보증금)	배당금액(한도)
서울 등 6대 도시	2,000만원 이하	700만원
기타 지역	1,500만원 이하	500만원

이를 쉽게 풀이하면 서울 같은 대도시(광역시·직할시)에서는 700만원을 보상해 주는데, 이 보상은 경매등기 전에 주민등록 전입만 되어 있으면 등기부 순위와는 무관하게 받는 것이다. 단, 이 보상은 영세임차인에게만 이루어지는데, 여기서 영세임차인은 전세금이 2,000만원 이하인 세입자이다.

대도시를 제외한 기타 지역은 500만원을 보상해 주는데, 이를 위해서는 전세금이 1,500만원 이하인 세입자여야 한다. 그래야만 영세임차인이기 때문이다.

여기서 1995년 10월 18일 이전에 등기부상 근저당권이 설정되면 왜 이처럼 세입자에 대한 배려가 박해지는지 의아해질 것이다. 이 의문은 법원경매라는 제도의 원점으로 돌아가면 이해가 쉬워진다.

경매는 궁극적으로 채권자의 권리구제 즉, 채권회수를 목적으로 한다. 소액임차인 우선변제는 이 채권회수를 위한 강제집행(경매의 진행 그 자체도 곧 강제집행이다) 과정에서 법적인 문제에 별관심을 갖지 않고 그날그날 생업에 쫓겨 사는 영세민이 오갈 데를 잃고 홈리스가 되는 사태를 막기 위한 특별조치이다.

그렇지만 경매 본연의 목적을 어겨가면서 '법적 예측 가능성'을 파괴하여 결과적으로 서민이나 영세민들을 힘들게 하는 모순에 빠져서는 안 될 것이다. 여기서 법적 예측 가능성을 저해한다는 것은 법이 "귀에 걸면 귀걸이, 코에 걸면 코걸이"하는 식으로 이랬다 저랬다 하는 것쯤으로 이해하면 될 것이다.

즉 1995년 10월 18일 이전에 돈을 빌려준 채권자에게 최근의 물가나 전세금 수준을 감안해 책정한 최근의 소액임차인 우선변제금을 빼고 배당해 준다면 등기부에 근저당권까지 설정해 가면서 돈을 빌려준 채권자는 '당시에는 예측하지 못했던' 피해를 보게 된다.

이런 이유로 인해 소액임차인 우선변제의 혜택을 볼 수 있는 소액임차인의 범위와 배당액이 등기부상의 최초 근저당설정일자를 기준으로 정해지는 것이다. 그러므로 무조건 "나는 서울에 살고 전세금이 3,000만원이므로 소액임차인 우선변제만큼은 받을 수 있겠지!"하고 안심하고 있다가는 큰코다칠 수도 있는 것이다.

세를 들어갈 때 주의할 것이 또 있다. 근저당권도 근저당권이지만 가압류도 마찬가지이다. 특히 가압류의 경우에는 근저당권보다도 경매로 이어질 가능성이 높으므로 오히려 더욱 주의해야 할 것이다.

세 들어 있는 집이 경매에 넘어가면 전세금(임차보증금)을 회수하는 것은 둘째치고 1년 이상 그 집에 눌러앉는 것 외에는 도리가 없다. 운이 좋으면 7~8개월만에 빠져나올 수도 있겠지만 반대로 운이 나쁘면 1년 6개월 내지는 2년씩 잡혀 있는 경우도 있다.

등기부상의 「을구(乙區)」에 나오는 최초 근저당권 설정일이 90년 2월 18일 이전인 경우에는 소액임차인의 범위와 배당액이 대폭적으로 줄어든다. 여기에 해당되는 경우는 아주 드물겠지만 불행하게도 여기에 해당된다면 전문가와 상담하는 것이 여러모로 유리할 것이다. 모르는 길은 물어가는 것이 상책이다.

알아두면 좋은 세입자 상식

배당을 받는 방법

배당을 받으려면 어떻게 해야 하나?

법원에 주민등록등본 및 임대차계약서(복사한 것)와 함께 배당신청서를 제출하면 된다. 이것은 경매계에 직접 제출하기도 하고, 경매계를 경유하여 민원실에 제출하기도 한다.

배당신청서는 낙찰허가(경락허가)일까지 제출해야 한다. 즉 경매에 부쳐져 낙찰이 되면 약 4~5일 안에 제출하면 된다. 그런데 현재 법 개정이 추진되고 있어 2000년 말 이후에는 입찰기일(경매기일)까지 제출해야 할 것으로 보인다. 따라서 경매날짜가 잡히면 그 날짜까지는 배당신청을 하는 것이 안전할 것이다.

배당신청을 했다고 해서 전세금을 바로 돌려받을 수 있는 것은 아니다. 법원경매는 엄격한 법적 절차에 의해 진행된다. 그리고 내가 돌려받는 전세금은 낙찰자가 내는 경락대금에서 나오는 것이므로 낙찰이 되고 다시 낙찰자가 경락대금을 완납해야만 전세금을 배당받을 수 있게 된다.

따라서 배당신청서를 낸 다음에 특별히 따로 할 일은 없다. 그저 법원에서 통지가 오기를 기다리면 된다. 정 조바심이 난다면 입찰기일에 낙찰이 됐는지, 낙찰이 됐다면 해당 경매계에 가서 대금지급기일(대금납부일)이 언제인지, 그리고 정해진 대금지급기일 이틀 후쯤에 역시 해당 경매계에 가서 대금납부가 이루어졌는지를 확인하면 될 것이다.

경매계에서의 확인은 가급적 해당 경매계에 직접 가서 하는 것이 좋다. 본래 경매계라는 곳이 업무가 과중한 부서인 만큼 전화가 불통이 되는 경우가 잦은 편이며, 민원인들로 항상 북적대므로 제대로 확인하려면 직접 가는 게 나을 것이다.

대금납부가 이루어지지 않았을 경우 약 1~2개월 후 다시 입찰기일(경매기일)이 잡혀 경매에 부쳐지게 된다. 이를 '재경매'라고 하는데, 이 새로운 경매에 의해 대금이 납부되어야 배당이 되며 이때까지는 당연히 전세금을 되찾는 것도 늦춰질 수밖에 없게 된다. 이처럼 낙찰이 되었는데도 대금납부가 이루어지지 않은 경우에는 약 3개월 이상 전세금 회수가 늦어진다고 보면 된다.

대금이 납부되면 약 3~4주 후에 배당기일이 잡히게 된다.

배당기일이 언제쯤 되는지는 대금이 납부된 지 약 7~10일 후에 경매계에 문의해 보면 알 수 있다. 일반적으로 전세금의 수령은 배당기일에 배당받을 금액(전세금)이 확정되면 가능해지는데 통상 그 다음날 수령한다고 보면 될 것이다.

그러면 배당기일에 나가기만 하면(출석만 하면) 전세금을 돌려받을 수 있는가?

세입자의 경우 법원으로부터 '몇월 며칠 몇시에 출석하라'는 「배당기일소환장」이 우편으로 송달된다. 그러므로 낙찰허가일 전에 배당신청을 했다면 지정된 배당기일까지 따로이 할 일은 없을 것이다. 즉 공연히 노심초사하여 여기저기 알아보러 다닐 필요가 없다는 말이다.

다만 한 가지 준비해야 할 것이 있다. 「명도확인서」를 경락인(낙찰자)으로부터 받아야 한다. 이 명도확인서에는 경락인의 인감증명서가 첨부되어야 하며, 당연히 명도확인서에는 경락인의 인감도장이 찍혀야 한다. 그리고 명도확인서의 용도란에 '법원 제출용'이라 쓰면 될 것이다.

여기서 '명도(明渡)'라는 말은 인도(引渡)를 의미한다. 동산(動産)을 넘겨주는 것을 '인도했다'고 말하며, 부동산을 넘겨주는 것을 '명도(明渡)했다'고 말한다. 결국 명도확인서는 부동산을 경락인(낙찰자)에게 넘겨주었다는 의미의 확인서라고 할 수 있다. 관행상 세입자의 편의를 위해 실제 명도 이전에 명도확인서를 작성해 주는 것이 보통이다.

명도와 인도는 엄격히 구분되는 표현은 아니다. 부동산에서도 '인도'라는 말을 적잖이 사용하고 있는데 '부동산 인도명령'의 경우를 보더라도 '명도'라는 표현을 쓰지 않고 '인도'라는 표현을 쓰고 있다.

■ 배당신청 전에 체크사항은

법원은 일단 신청을 하면 신청서는 받아준다. 그러나 신청서를 받아주는 것이지 결코 신청을 받아주는 것을 의미하지는 않는다. 심사를 해서 받아줄 때도, 그렇지 않을 때도 있게 된다. 따라서 신청 전에 충분히 알아본 다음에 신청하는 것이 좋다.

법원에 신청하기 전에 적어도 다음 2가지 사항은 미리 체크해 보아야 한다.

첫째, 전입일자와 확정일자가 같은가?

확정일자와 전입일자가 다르면 같은 경우에 비해 대처방법이 복잡해질 수 있다. 며칠 정도밖에 차이가 나지 않는다면 별문제이겠으나 그렇지 않을 경우 단순하지 않은 상황일 수 있다. 가급적 전문가의 도움을 받도록 해야 할 것이다.

둘째, 계약서가 적합한 임대차(전세)계약서 형식을 갖추고 있는가?

세 들어 있는 집이 경매에 넘어갔을 때 가장 순탄하게 문제를 푸는 방법은 법원에서 배당을 받아 전세금을 회수하는 것이다. 그런데 법원에서 별탈없이 배당을 받으려면 임대차(전세)계약서가 제대로 작성된 것이어야 한다.

임대차계약서에서의 체크포인트

무엇보다도 '한눈에 척 보았을 때' 임대차계약서 즉, 전세계약서이어야 한다. 민사집행과(통칭 경매계)에 배당받겠다고 가져오는 서류를 보면 계약서도 아니고 차용증도 아니고 영수증도 아닌 모호한 것들이 있다. 이러한 것은 아무리 전세계약서라고 주장해도 통하지 않는다.

아마도 중개업소에서 물건에 따라 다소 변형된 형식이나 서류를 작성하는 데서 이런 상황이 발생하는 것 같다. 이것은 나름대로 일선 중개실무에서는 합리적인 관행으로 가치가 있는 것이지만 법원에서는 통하지 않는다. 왜냐하면 이런 식으로 봐주다가는 실제 등기부 채권자들에게는 돌아갈 것이 거의 없어지기 때문이다.

또한 임대차계약서는 내용면에서 형식적으로 구색이 맞아야 한다. 전세계약서이든, 매매계약서이든 계약서 양식은 거의 획일적이다시피 통일되어 있다. 물론 계약서의 양식은 '어떠어떠해야 한다'고 규정이 되어 있는 것은 아니다. 계약당사자간에 의사합치만 이루어지면 되는 것이 계약이므로 형식에 구애받을 필요는 없을 것이다. 그러나 '좋은 게 좋은 것'이라고 통상적으

부동산 임대차계약서

임대인과 임차인은 상호간 합의하에 다음과 같이 부동산 임대차계약을 체결한다.

1. 부동산의 표시

2. 계약내용
第1條 위 부동산에 대한 임차보증금을 다음과 같이 지불하기로 한다.

보 증 금	金	원整(₩)
계 약 금	金	원整은 계약시에 지불하고
중 도 금	金	원整은 년 월 일에 지불하며
잔 금	金	원整은 년 월 일에 중개업자 입회하에 지불한다.
차 임	金	원整은 일(선불·후불)에 지불한다.

第2條 임대차 기간은   년   월   일부터   년   월   일까지로 한다.
第3條 임대인은 위 부동산을 임대차 목적대로 사용·수익할 수 있는 상태로 하여   년 월 일까지 임차인에게 인도한다.
第4條 임차인은 임대인의 동의없이 상기표시 부동산의 용도나 구조 등의 변경, 양도, 전대, 담보 등 임대차 목적 외에 사용할 수 없다.
第5條 임차인이 차임을 2회 이상 연체할 경우 임대인은 별도의 최고 절차없이 임대차 계약을 해지하여 위 부동산의 반환을 요구할 수 있다.
第6條 중도금(중도금 약정이 없는 경우에는 잔금)이 지불되기 전까지는 임대인은 계약금을 배액으로 상환하고, 임차인은 계약금을 포기하고 이 계약을 해제할 수 있다.
第7條 중개수수료는 이 계약 체결과 동시에 계약당사자 쌍방이 각각 지불한다.

※ 특약사항

이 계약을 증명하기 위하여 본 계약서를 작성하고 각자 서명·날인하다.   년 월 일

3. 계약당사자의 인적사항 및 중개업자

임대인	주 소					
	주민등록번호		전화		성명	印
임차인	주 소					
	주민등록번호		전화		성명	印
중개업자	사무소소재지					
	허가번호					
	상 호					
	대 표			印		印
	사업자등록번호		전화		전화	

로 따르는 것이 좋을 것이다.

이제부터 임대차계약서를 체크해 보자.

먼저 계약서 맨 윗부분에 자신이 세 들어 있는 집의 번지수와 동·호수가 정확히 기재되어 있는가를 확인하자. 그 아래부분에 전세금(임차보증금)이 정확히 기재되어 있는지도 확인하자. 전세금은 「계약금＋중도금＋잔금」과 일치해야 할 것이다.

그 아래쪽에는 특약란이 있다. 특약란 아래에 계약일자가 있을 것이다. 이 계약일자를 확인하자. 그리고 특약란 아래쪽으로 계약당사자인 임대인의 인적사항과 임차인의 인적사항을 각각 적은 난이 있을 것이다.

임차인으로 올라가 있는 사람은 적어도 주민등록등본에 기재된 세대원 중의 한 사람이어야 할 것이다. 그리고 임대인으로 올라가 있는 사람은 세 들어 있는 집의 등기부상 소유자이어야 한다. 직접 주인이 나올 수 없는 사정이 있다면 반드시 인감증명과 위임장이 첨부되어 있어야 한다. 이것만은 반드시 지켜야 할 것이다.

안전한 셋집 판별하는 요령

안전한 셋집 판별하는 요령은 다음과 같다.

첫째, 가등기·가처분·가압류 등의 '가' 자가 등기부에 나오는 집은 피한다.

둘째, 근저당권이 들어가 있는 집은 '이미 등기부에 설정된 금액＋예정된 전세금액'의 합계가 세 들어 갈 집의 매매가격의 80%를 넘으면 위험하다.

셋째, 사업하는 사람의 집보다는 정액소득자(월급쟁이)의 집이 더 안전하다.

넷째, 조합주택이나 다가구주택은 고생할 가능성이 있다.

다섯째, 신규 입주 아파트는 입주 당시에는 싸게 들어갈 수 있지만 2년 후에는 전세금이 30~40% 이상 오르는 경우가 많으므로 2년 후에는 이사를 가야 하는 일이 생길지 모른다. 따라서 오랫동안 그 지역에서 세를 살 사람은 오히려 피하는 것이 낫다.

여섯째, 가급적이면 주인이 직접 쓰던 집이 낫다.

개정된 주택임대차보호법하에서의 전세금 반환방법

주택임대차보호법 개정 전에는 다음과 같은 방법과 절차에 의해 전세금을 돌려받을 수 있었다. 물론 이는 집주인과 합의가 이루어지지 않아 법적 절차에 의하는 것을 의미한다.

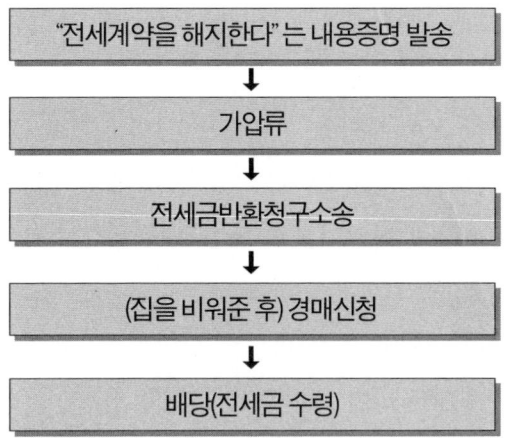

그러나 이제는 다음과 같은 방법과 절차를 따르면 되는데, 세입자의 입장에서 본다면 바뀐(개정된) 방법과 절차가 더 유리해졌음을 알 수 있다.

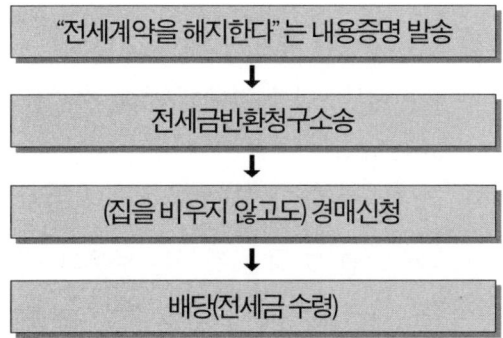

개정된 주택임대차보호법은 방법과 절차만 간소화된 것이 아니다. 전세금반환 청구소송의 경우 대부분 소가(訴價 : 전세금)

가 2,000만원을 넘기 때문에 소액심판청구의 간소한 절차를 적용받지 못하고 일반소송의 절차를 적용받게 되므로 승소판결을 받는데 최소한 3~4개월을 허비하는 것이 보통이었다. 그런데 이제는 전세금반환 청구소송의 경우 금액에 관계없이 소액사건심판처럼 신속하게 처리되므로 약 2개월 정도면 승소판결을 받는 것이 가능해졌다.

뿐만 아니라 배당을 받는 방법도 달라졌다. 과거에는 악의의 집주인을 만나거나 하면 제아무리 선순위 임차인이라 하더라도 세입자 본인이 경매신청을 하는 경우에는 왕왕 전세금의 일부밖에 돌려받지 못했고, 경매신청을 하기 위해서는 먼저 집을 비워줘야 했다. 그러나 앞으로는 세입자 본인이 경매신청을 하건 다른 채권자가 경매신청을 하건 같은 배당순위를 인정받을 수 있게 되었다.

이제 확정일자와 전입만 제때에 해 놓으면 신속한 재판절차를 적용받아 세 들어 있는 집을 경매에 부쳐 전세금을 회수하는 것이 가능해진 것이다.

세 들어 있는 집을 경매에 부친다고 해서 특별한 것은 없다. 일단 판결문만 받게 되면 그 다음 절차는 보통의 경매절차와 다를 바 없다. 이를테면 근저당권을 잡고 돈을 대출해준 은행이 경매를 붙이는 것과 그다지 다를 게 없다.

주택임대차보호법이 개정되기 전인 1999년 초만 해도 집을 비워주어야만 경매 신청이 가능했으므로 세입자가 살던 집을 경매에 부쳐 전세금을 회수하기는 말처럼 쉽지 않았다. 그러나 이제는 세 들어 살던 집에 눌러 살면서 경매에 부치는 것이 가능해져 세입자의 전세금 회수가 그만큼 수월해진 것이다.

물론 '조정'이나 '지급명령'에 의해서도 전세금 회수가 가능하다. 이들 조정이나 지급명령으로 해결될 경우는 기간이 약 1개월 정도 걸린다. 과거에는 전세금반환소송의 경우 약 3~4개월 정도 걸렸는데 그나마 빨라져서 이 정도이다.

조정이나 지급명령도 판결과 같은 효력이 있다. 실제로 세입자가 전세금 회수를 위해 세 들어 있는 집을 조정 등을 통해 경매에 붙이는 경우를 적잖게 볼 수 있다.

재판을 통한 판결이든 조정이나 지급명령을 통한 결정이든 일단 이 '정본'을 얻게 되면 바로 경매에 넘기는 것이 가능해진다. 그러나 이를 위해서는 집행문 등의 요식절차를 거쳐야 하므로 변호사사무실이나 경매업체에 자문을 구하는 것이 좋을 것이다. 왜냐하면 형식상의 미비나 미숙으로 인해 시간이 지체될 가능성이 있기 때문이다. 법에 의한 집행에서는 '시간이 곧 돈'이다.

5장_
경매 초보자를 위한 실전정보

왕초보들의 경매장 풍경

경매장도 법정이다

재판에 불려나오게 될 경우 누가 시키지 않아도 대개는 정장을 하고 나온다. 이것은 정식재판이 아닌 소액사건인 경우에도 마찬가지이다. 하기는 신문기일에 단독판사실에 소환되는 경우에도 잔뜩 긴장하고 단정한 차림으로 거의 굳어서 참석하는데 재판에 불려나올 때야 오죽하겠는가?

그런데 '경매장'하면 왠지 법정이라는 생각이 들지 않는다. 그러다 보니 만만히 보는 경향이 있다. 법원경매 입찰공고를 보면 분명히 '몇 호 법정'이라고 입찰장소가 표시되어 있다. 엄연히 법정임에도 불구하고 경매법정에서는 기강(?)이 상당히 풀려 있는 경우를 적잖게 보게 된다.

법원경매 본연의 취지가 가능한 한 많은 사람들의 경매 참여를 유도하는 것이므로 경매법정이 지나치게 경직된 분위기에 있는 것이 바람직하다고는 볼 수 없다. 그러나 경매법정의 입찰물건 처리는 그 물건 하나하나를 처리하는 것 자체가 '강제집행'이다. 당연히 최소한의 정숙함은 유지되어야 하는 것이다.

때와 장소를 가리자

경매법정에서 눈살 찌푸리게 하는 것 중의 하나가 바로 때와 장소를 가리지 않고 울리는 휴대폰이다. 휴대폰이 울릴 경우 그냥 눈감아 주기도 하지만 "밖으로 나가라"고 퇴정을 당하기도 한다.

법원에 따라서는 신속하게 직원들이 달려와서 휴대폰을 뺏어 가는 경우도 있다. 이럴 경우 입찰진행이 종료된 후 적당히 싫은 소리 좀 듣고 휴대폰을 돌려받는 요행도 있지만, 벌금고지서와 함께 돌려받는 경우도 있다.

휴대폰이 울렸을 때 집행관이 퇴정을 명하면 '죄송하다'는 정도의 의사표시를 한 후 바로 나갔다가 약 10분쯤 지난 후 뒤쪽에 슬며시 들어와 있다고 해서 "다시 나가라. 왜 또 들어왔냐."라고 할 집행관은 아마 없을 것이다.

그런데 초심자들의 경우 퇴정하라는 집행관의 지시를 "입찰에 참가하지 마라"는 의미로 확대해석해서 못 나가겠다는 식의 과민반응을 보이는 일이 있다. 이러면 집행관에게 법정모독으로 비춰질 수 있다. 입찰 당일에는 집행관이 경매법정의 질서를 유지할 권한과 의무를 가지고 있음을 기억하기 바란다.

여하튼 경매법정은 법정임에 분명하다. 고액의 벌금이나 3일간의 감치가 무서워서 휴대폰을 끈다기보다 강제집행의 연장선 위에 있는 입찰법정의 질서를 존중한다는 차원에서 스스로 휴대폰 예절을 지켜야 할 것이다.

정장은 아니더라도 복장은 단정히 하자

예전에 비해 복장들이 패션너블해진 탓인지 경매장에 개성이 강한, 이른바 튀는 옷을 입고 오는 사람들이 있다. 한번은 이런 일도 있었다.

웬 중년남성이 중절모자를 쓰고 나타나 집행관에게 주의를 받았다. 그러자 한 젊은 여성도 따라서 모자를 재빨리 벗었다. 여기까지는 별탈이 없었다.

물건들이 차례차례 진행되면서 이윽고 그 젊은 여성도 같은 물건에 응찰한 몇몇 경합자와 함께 입찰대 앞에 서게 되었다. 그런데 그 여성의 복장이 너무 시원시원하였다. 아슬아슬한 짧은 반바지에 착 달라붙은 민소매 셔츠를 입고 맨발에 샌들을 신고 있었다.

  낙찰자를 결정하려던 집행관이 각 응찰자의 응찰가격을 호명하려다 말고 그 젊은 여성에게 이렇게 말했다.

"법정에서는 단정한 복장을 하시는 게 좋지 않을까요?"

"이거 위아래 한 벌 옷인데요."

"그래도 슬리퍼는 좀 심한 것 같군요."

"어머, 슬리퍼가 아니고 샌들이에요."

  더 이상 대화를 포기한 집행관이 입찰진행을 계속하면서 각 응찰가격을 호명하였는데 문제의 그 젊은 여성은 두번째로 높은 가격이었으므로 낙찰을 못 받게 되었다.

  집행관이 웃으면서 그 여성에게 "복장이 단정하지 않으면 1등을 못합니다."라고 하자 경매법정 내에 일제히 폭소가 터졌다. 법정에서의 복장은 꼭 정장이 아니더라도 단정하게는 입어야 할 것이다.

입찰은 신중히, 또 신중히

  법원경매에서 일단 입찰을 하게 되면 이를 무르는 것은 원칙적으로 불가능하다. 또한 입찰에 관련된 규칙은 대부분 법규나 다름없는 효력을 갖고 있다. 특히 경매에서의 입찰표는 일반 중개거래로 치면 계약서의 역할을 한다.

　입찰표와 계약서가 다른 점이 있다면, 계약서의 경우는 계약서 내용 가운데 다소 잘못된 것이 있다 하더라도 계약서 전체 내용을 감안하여 보완이 가능하면 계약서의 효력이 그대로 유지되지만 입찰표는 그렇지 못하다는 것이다.

　입찰표는 계약서에 비해 매우 단순하여 적으라는 데에 적기만 하면 되는데, 고쳐 쓰거나 하는 것이 원칙적으로 허용되지 않으므로 기재하던 중에 오자가 생겼다거나 하면 입찰대 앞에 나가 새로운 용지(입찰표)를 교부받도록 해야 한다.

　입찰은 계약서와 달리 입찰표에 의해서 효력이 발생하므로 입찰표의 문구, 글자 하나하나가 절대적이라고 할 수 있다. 따라서 실수를 하지 않는 것만이 최선이다.

끊이지 않고 반복되는 실수 유형들

이제 입찰표에서 흔히 나타나는 실수 유형에 대해서 좀더 자세히 설명해 보도록 하겠다.

초보자들의 경우 상당수가 입찰표 작성에서 실수하는 경험을 거치게 된다. 그렇다고 특별한 사항에서 실수하는 것은 아니다. 전형적이라고 해도 될 정도로 실수 형태들은 정해져 있다.

■ 보증금란과 입찰금액란에 한글로 쓰는 경우

경매에서 입찰금액이나 보증금액은 한글로 쓰는 경우가 없다. 반드시 숫자로 써야 한다.

■ 보증금액과 입찰금액을 바꿔 쓰는 경우

상식적인 견지에서는 분명히 얼마에 응찰했는가를 짐작하게 하지만 법원경매에서는 통하지 않는다. 반드시 왼편에는 입찰금액을, 오른편에는 보증금액을 적도록 한다.

이 외에도 보증금란은 비워둔 채 입찰금액란에만 기재를 하고 입찰금액 전액을 넣는 경우도 왕왕 발생하는데 이것 역시 안 되는 것이다. 하물며 금액단위를 잘못 착각한다든지, 입찰보증금을 한푼이라도 모자라게 내는 경우는 두말할 나위도 없는 것이다.

이런 일도 있었다. 어떤 응찰자가 입찰보증금을 자기앞수표로 준비해 와서는 깜빡 잊고 내지 않았다.

집행관이 "입찰보증금 봉투에 아무것도 없는데요?" 하고 물으니 그제서야 응찰자는 당황하며 주머니에 손을 찔러보더니 "아! 여기 있네요." 하는 것이다.

집행관은 "그러고도 대리인 맞습니까?"라고 말하며 "본건 입찰은 단독입찰이나 무효처리합니다."라는 판결을 내렸다.

여기서 대리인은 경매업자를 뜻한다. 2000년대 이후 나타난 현상 가운데 하나가 초보 경매업자들이 많이 등장했다는 점이다.

■ 금액을 수정하거나 오자를 낸 경우

금액을 수정하는 바람에 낙찰을 못 받는 경우가 꽤 있다. 입찰표 하단을 보면 "금액은 수정할 수 없다"는 말을 비롯해 몇 가지 주의사항이 쓰여 있다. 따라서 주의사항을 잘 읽어보고 하면 이런 실수가 없을 것이다.

입찰표를 잘못 기재했을 경우 입찰표 양식은 공짜이므로 다시 교부받으면 된다. 그렇지만 더 줄 때도 한 장씩만 배부하므로 여러 번 틀리면 여러 번 받아와야 함을 참고하기 바란다.

■ 사건번호와 물건번호

사건번호와 물건번호는 모두 경매에 부쳐진 그 해당 물건을 지칭하는 것이지만 다소 차이점이 있다.

입찰표를 보면 왼쪽에 사건번호, 바로 옆쪽에 물건번호를 기재하도록 되어 있다. 그런데 이 물건번호는 거의 쓰지 않는다고 보아도 무방하다. 대부분의 경매부동산의 경우 입찰할 때에는 사건번호만 기재하고 바로 옆의 물건번호란은 비워 놓는다.

■ 여러 개의 물건을 입찰표 하나에 쓰는 경우

여러 개의 물건을 하나의 입찰표에 써 넣는 일도 경매가 열릴 때마다 나오는 실수이다. 하나의 입찰표로는 하나의 물건만 응찰하는 것이다. 따라서 물건이 여러 개인 경우에는 각각의 입찰표를 써야 한다. 예를 들어 5개의 물건에 응찰하려면 5장의 입찰표를 써야 하며, 10개의 물건에 응찰하려면 10장의 입찰표를 써야 한다. 이와 반대로 하나로 취급되어 나온 물건(이를 법률용어로는 '일괄경매'라고 한다)은 일부만 낙찰받을 수 없다.

■ 위임장의 위임자란과 입찰표의 본인란을 혼동하는 경우

이것도 일반인들이 자주 하는 실수 중에 하나이다. 위임장의 '위임자란'과 입찰표의 '본인란'에는 낙찰에 의해 소유권을 취득할 명의자를 기재하면 되는 것이다.

예를 들어 갑돌이 명의로 경매부동산을 취득하려 하는데 갑돌이가 회사에서 중요한 일이 생겨 부인인 갑순이에게 입찰을 시킬 경우 입찰표의 '대리인란'과 위임장의 '수임자란'에 갑순이의 인적사항을 쓰면 된다.

■ 경매진행이 보류된 것을 모르는 경우

또다른 실수 유형으로는 입찰날짜에 경매진행이 보류되는 물건들이 있는데 여기에 응찰하는 경우이다. 입찰진행을 하다보면 "몇 번, 몇 번 물건에 응찰한 XXX씨, OOO씨 앞으로 나오세요. 이 물건은 오늘 진행하지 않습니다."하면서 입찰봉투를 돌려주는 광경을 심심치 않게 목격하게 된다.

이 경우에는 진행을 안 하는 물건인 줄도 모르고 응찰했다는 쑥스러움을 제외하고 별다른 법적 불이익은 없다. 하지만 이것은 경매법정 입구나 그 주변에 게시하는 사항에 조금만 주의를 기울이면 알 수 있는 것이다. 왜냐하면 눈에 잘 띄는 곳에 게시하기 때문에 보지 않으려고 작정하지 않는 한 금방 눈에 띄게 된다.

경매에 들어가기 앞서

미리미리 준비하자

경매는 공정함이 생명이며 이를 위해서는 사전에 정해진 절차에 따라 진행이 되어야 한다. 특히 입찰과 낙찰은 법원경매에서 가장 중요시되는 과정이다. 아무리 맘에 드는 물건이 경매에 나왔어도 나보다 더 높은 가격에 응찰한 사람이 있다면 내 물건이 아닌 것이다. 또 물건은 아주 좋지만 권리분석상에 하자가 있다면 차라리 낙찰받지 않음만 못하다.

그런데 경매를 아주 여러 번 해본 사람이 아닌 한 준비물을 빼놓는다거나 마감시간에 턱이 닿게 도착한다거나 하면 실수로 이어질 가능성이 매우 높게 된다. 이렇게 되면 낙찰을 못 받게 되거나 하자가 있는 물건을 낙찰받게 될 위험이 있는 것이다.

경매기일(입찰날짜)은 응찰하는 사람의 입장에서는 가장 중요한 날이다. 그러므로 경매에 필요한 준비물은 미리 챙겨 놓도록 한다. 경매기일에 갖추어야 할 준비물은 다음과 같이 매우 간단하다.

① 돈(입찰보증금)
② 도장
③ 주민등록증(또는 운전면허증)

여기서 돈 즉, 입찰보증금은 가급적 고액권의 자기앞수표로 준비한다. 도장은 본인이 입찰할 경우 인감도장이 아니어도 된다. 아무 도장이나 상관이 없다. 형사사건과 달리 민사사건의 경우 무인(지장)은 인정이 되지 않는데, 경매에서도 마찬가지로 지장은 인정되지 않는다. 그리고 신분증은 주민등록증이나 운전면허증 가운데 하나만 있으면 된다.

간혹 이 간단한 준비물을 제대로 갖추지 못해 허둥대는 경우를 보게 되는데, 내 맘에 드는 물건은 다른 사람의 마음에도 드는 법이다. 그래서 경매법정에는 눈에 보이지 않는 경쟁이 있을 수밖에 없는데 준비물도 제대로 못 갖춘다면 어떻게 되겠는가?

본인이 지방에 간다든가 하는 이유 등으로 입찰기일에 직접 참석하기 어려워 대리응찰을 해야 할 경우가 있다. 이 경우에는 다음의 서류를 더 추가시켜서 입찰봉투(누런색의 대봉투)에 넣으면 된다.

① 인감증명서

② 위임장

여기서 인감증명서는 동사무소에서 발급해 주는 일반적인 인감증명서를 말한다. 인감증명서 맨 아래쪽을 보면 '용도란'이 있는데 그곳에 '법원 제출용'이라 적으면 된다. 위임장은 이 책의 부록편에 수록되어 있으므로 참고하여 작성하면 되는데 이 위임장에는 응찰자(낙찰받을 명의자)의 인감도장을 반드시 찍어야 한다. 그리고 입찰표에는 '대리인란'에 대리응찰하는 사람의 인적사항을 기재하고, 대리인의 도장을 찍으면 된다.

여유있게 도착하라

입찰 경험이 그리 많지 않은 초보자일 경우 적어도 입찰마감 30분 전까지는 입찰법정에 도착하도록 한다. 또한 법원이나 지원에 경매가 있는 날은 법원주차장이 만원이어서 주차하는 것이 쉽지 않으므로 가급적 대중교통을 이용하거나 차를 법원 외부의 유료주차장에 주차하는 게 좋을 것이다.

입찰마감은 신문이나 경매정보지 등에 게재되는 입찰일시 및 시간의 한 시간 후에 이루어진다. 가령 99년 7월 9일 오전 10시로 입찰일시가 발표됐다면 입찰마감은 오전 11시 또는 11시 10분 정도라고 보면 될 것이다.

경매에 대해서 쓴 일부 책에는 '입찰마감 1~2분 전에 법원경매장에 도착했는데 입찰표 쓰는 시간에 입찰이 마감되어 응찰을 못한 응찰자들이 있는 것'처럼 소개된 것이 있다.

  이는 잘못된 표현이다. 이론적으로 보더라도 채권자의 권리구제가 1차 목적인 법원경매에서 응찰자가 있는 것을 뻔히 알면서 몇 분 차이로 입찰을 종료할 리가 없을 뿐더러, 실제로도 그렇게 옹졸하고 앞뒤가 막힌 집행관 얘기는 들어본 적이 없다.

재테크의 기본은 여유와 냉정함

  경매에 재테크적인 면을 통념적으로 인정하고 있는 것은 채권자의 권리구제를 최대한 해주기 위해서이다. 이는 마치 증권시장에서 기업들이 자금을 조달해 가는 발행시장을 육성하기 위해 유통시장에 투기측면을 부각시키고 나아가 '선물·옵션'이라고 하는 도박(Gambling)을 제도적으로 운영하는 것과 같은 맥락이다.

  여기서 선물·옵션을 '도박'이라고 표현한 것은 제로섬(Zero-sum)을 의미한다. 즉 잃은 돈과 딴 돈이 같은 것인데, 이를 보다 고상하게 표현한다면 실패한 자의 불행의 무게만큼 성공한 자가 행복해지는 것이다. 상가 임대차에서의 '권리금'도 같은 개념이다.

  증권투자 격언에 "매입한 주식의 주가가 떨어질까봐 잠이 오지 않는 투자자는 잠이 편히 올 만큼 주식을 팔아라!"라는 말이 있다. 재테크는 여유와 냉정함이 생명이다. 지나친 긴장감도 덤벙대는 것만큼 해로울 수 있다.

입찰법정에서도 적당한 여유를 유지하는 것이 좋다. 모든 실수가 입찰무효로 연결되는 것은 아니다. 그리고 "실수를 하면 어떻게 하나?" 하고 잔뜩 경직되어 있으면 오히려 정말로 실수를 하기 십상이다.

"그 부동산이 나하고 인연이 있으면 낙찰되겠지" 하는 여유, 비록 낙찰을 못 받더라도 "나하고는 인연이 없나 보다" 하고 체념할 줄 아는 마음, 물건이 마음에 든다면 "조금 더 쓰지" 하는 너그러움 등등. 이런 것들이야말로 권리분석 능력을 쌓기에 앞서 먼저 갖추어야 할 덕목이다. 권리분석이나 명도는 컨설팅업체나 변호사에게 맡겨도 되는 것이다.

인생, 연애, 재테크에는 한 가지 공통점이 있는데, 그것은 너무 최선을 도모하려 하면 적당한 만족을 원했을 때보다 현실적으로 결과가 좋지 않을 수 있으며, 정신적으로도 상처를 입을 수 있다는 것이다.

평수의 개념을 제대로 알자

일반인들 특히 젊은 세대들이 부동산에 대해 낯설게 느끼는 것이 바로 부동산의 양을 나타내는 면적단위 즉 '평수와 제곱미터(m^2) 그리고 회배'라는 것이다.

여기서 '회배'는 주로 재개발지역에서 쓰이는 용어로서 m^2를 의미한다. 재개발지역은 일명 '달동네'로 일컬어지는 불량주택촌이다. 따라서 작은 면적 차이가 감정가액의 차이를 부르고 이 감정가액이 얼마 나왔느냐에 따라 배정받을 수 있는 분양평형이 달라지게 되므로 '평'보다 세밀한 면적단위인 m^2를 사용하게 된 것으로 보인다.

그렇다고 해서 재개발지역에 평수를 전혀 사용하지 않는 것은 아니다. 평과 제곱미터(회배)를 같이 사용한다.

이제 평과 m^2와의 관계 그리고 평에 관한 용어들 즉 분양평수, 전용평수 등에 관해 알아보자.

"누울 땅 한 평 없다"는 말처럼 자주 쓰면서도 쉽게 이해가 안 가는 말이 '평'이라는 용어일 것이다. '평'이라는 말이 혼란을 주는 이유는 m^2와 같이 쓰이기 때문으로 보이는데 평을 m^2로 환산하는 것은 아주 간단하다.

- 1평 = $3.3058m^2$
- $1m^2$ = 0.3025평

따라서 평수를 m^2로 환산하려면 평으로 표시된 면적수치에 3.3058을 곱해주면 되고, 반대로 m^2를 평으로 환산하려면 m^2로 표시된 수치에 0.3025를 곱해주면 된다.

우리가 흔히 쓰는 '몇 정보냐, 몇 평이냐'는 모두 척관법에 의한 단위인데, 왜 하필 '평'만이 현대적인 단위인 ㎡로 쉽게 바뀌지 않고 있을까? 그것은 '평'이 나름대로 합리적인 존재 이유를 갖고 있기 때문이다.

 면적이라는 개념도 감각적인 느낌에 많이 좌우되는데 "서울 땅 100평은 넓어 보여도 시골 땅 1000평은 좁아 보인다"는 말은 이것을 잘 나타내 주고 있다.

 '평'에 쉽게 익숙해지기 위해서는 바로 "누울 땅 한 평 없다"를 생각하면 된다. 가로와 세로 길이가 180㎝인 정사각형의 면적이 한 평의 면적과 거의 일치하는데, 이것은 신장이 160~170㎝인 사람이 큰 대자로 편히 누울 수 있는 면적을 뜻한다. 요즘은 웬만한 사람의 경우 키가 170~180㎝ 이상이지만 옛날에는 170㎝만 되어도 키가 크다는 말을 들을 수 있었다.

 결국 실평수가 25평인 아파트는 25명이 누울 수 있는 크기를 뜻하는 것이다. 그런데 사회학자들의 말에 따르면 사람이 가족 공동체를 이루어 생활하면서 다른 사람과 부대끼는 불편을 느끼지 않으려면 누워 있는 면적 즉, 1평의 5배가 필요하다고 한다.

 이러한 이유 때문에 국민주택 규모가 아파트 실평수로 25.7평이 된 것이다. 말하자면 5인 가족이 가족 상호간에 번잡함이나 비좁음에서 오는 불편을 느끼지 않고 살 수 있는 면적을 국민주택 규모로 정한 것이다.

 또한 국민주택 규모의 아파트·다세대·연립주택·단독주택

(건물부문)에 세법상 각종 혜택을 주는 것도 표준적인 가족 규모인 5인 가족의 생활공간은 생필품으로서 취급하겠다는 입법 취지에 따른 것이다.

'평'에도 여러 가지가 있다. 등기평수, 실평수, 분양평수 등이 있는데 여기서 평수의 종류가 여러 가지라는 것은 면적의 표시기준 방법이 여러 가지라는 것을 뜻한다.

실평수(전용면적)는 입주자가 실제로 사용하는 현관 안쪽의 면적을 말한다. 실평수에 다용도실은 포함되지만 베란다는 제외되는데, 이 베란다를 서비스면적이라고 한다. 예를 들어 어떤 아파트의 실평수가 25평이라고 할 때 베란다 면적은 이 25평에 포함되지 않는다. 따라서 가급적 베란다 면적이 넓은 것이 유리할 것이다.

아파트나 다세대 등을 구입할 때는 실평수, 즉 전용면적을 기준으로 결정해야 한다. 실평수는 보통 아파트 등기부의 두번째 페이지에 표시되어 있다. 그래서 이 실평수를 '등기평수'라고도 한다.

그렇다면 어떤 경우든지 간에 등기평수를 실평수로 알고 집을 구입하면 괜찮은가? 그렇지 않다. 지은 지 15년 이상 된 아파트는 등기부에 분양평수(분양면적)가 기재되는 경우가 종종 있다.

따라서 지은 지 오래된 아파트를 구입할 경우에는 물건을 눈으로 직접 확인해 보고「확인설명서」에도 '실평수는 몇 평이다'

라는 식으로 기재를 받아놓도록 한다. '등기부에 기재되는 면적이 무조건 전용면적일 것이다'라고 속단하지 말아야 한다.

우리가 흔히 '몇 평형 아파트이다'라고 말할 때의 몇 평형은 바로 분양평수(분양면적)를 뜻한다. 그러면 분양평수와 실평수는 어떤 점이 다를까? 분양평수는 실평수에 공용면적을 더하여 계산된다. 여기서 공용면적은 엘리베이터·계단·복도면적의 각 세대별 할당분을 의미한다. 그러므로 당연히 분양평수가 실평수보다 클 수밖에 없다.

그러면 실평수는 분양평수의 얼마쯤 되는 것이 적당할까?

다음의 표에서 보는 바와 같이 실평수는 분양평수의 약 75~80% 정도로 보면 된다.

분양평수(분양면적)	실평수(전용면적)
18평형	12평
24평형	18평
32/33평형	25.7평
38평형	30.5평
42/43평형	34.5평
48/49평형	40평
56평형	45평

실제로 분양받으려는 아파트(다세대)의 실평수가 이보다 작을 때는 재고해 봐야 할 것이다. 왜냐하면 전체 분양가(구입가격)는 분양평수를 기준으로 산정되기 때문이다.

평수 또는 면적의 종류에는 총평수(총면적)이라는 것이 하나 더 있다. 총평수는 「분양면적＋서비스면적＋주차장면적」으로 계산된다. 여기서 서비스면적은 베란다를 뜻한다. 따라서 총면적이 분양평수보다 크다.

총면적을 우리가 알아야 하는 이유는 하나의 평범한 경험에서 비롯되는데, 그것은 "알아야 속지 않는다"는 것이다. 일반 조합주택이나 다세대주택의 경우 총면적을 분양평수(면적)로 해서 소비자를 우롱하는 경우가 간혹 발생하고 있다.

또 일부의 다세대 주택분양업자들이 베란다를 불법개조해서 거실과 안방으로 만들어 넓게 보이는 수법을 쓰는데, 이런 집들은 나중에 제값을 받기가 어렵다. 아파트, 다세대, 연립 등은 서비스면적인 베란다가 있는 것이 정상인데 이 베란다가 없다면 그만큼 마이너스가 되기 때문이다.

6장 _
부동산시장의 오늘과 내일

구조조정과 부동산시장

구조조정과 차별화

　IMF 이후 많은 사람들이 경제적인 고통을 받으면서 다소 생경한 경제학 용어들과 친숙하게 됐는데 그 중에 '구조조정'이란 용어를 빼놓을 수 없을 것이다.
　구조조정이란 말 그대로 산업구조를 조정해서 자원이 낭비되는 부분을 제거하자는 뜻인데, 언뜻 보면 기업들의 통폐합을 의미하는 것 같기도 하다. 그러나 일반인들의 입장에서 구조조정을 그렇게까지 거창하게 생각할 필요는 없을 것으로 보인다. 통폐합이든 소멸이든 기업의 숫자를 줄이는 것으로 이해하면 쉽지 않을까 생각된다.
　대기업이든, 중소기업이든, 소규모 자영업이든 간에 생존에 가장 중요한 요소는 '경쟁력'이라고 할 수 있다. 그런데 경쟁력은 이익의 재투자가 없이는 장기적으로 유지하기 어렵다.

이를 위해서는 기업들의 숫자가 반드시 줄어야 한다. 단, 자발적으로 줄어야 한다. 선진국에서 한 나라에 2~3개꼴로 있던 자동차회사들이 국경을 넘어선 흡수합병으로 2~3개국에 하나 꼴로 줄어드는 이유가 여기에 있다. 이렇게 해야만이 기업의 계속적인 존속 및 발전이 가능해 진다.

이번에는 상가 점포들을 예로 들어 보자! 동일 업종의 점포들이 3~4개씩 있는 상황에서 경기가 침체됐다고 하자.

우선 권리금과 매상이 함께 감소하면서 생존이 어려워지는 점포들이 나올 것이다. 그러나 생업으로 하고 있는 점포라면 운영이 어려워졌다고 해서 수지타산만으로 쉽게 문을 닫거나 넘기지는 않을 것이다. 하지만 이 같은 영업부진이 1년 이상 지속되어 임차료 내기도 힘들어지는 상황이 나타나면 결국 하나 둘 문을 닫고 떠나는 점포가 나타난다.

그렇다면 이런 현상의 근본적인 원인은 어디에 있는 것인가? 이에 대해 명쾌하게 "이거다"라고 답하기는 어렵지만, 한마디로 '소득의 감소에 따른 소비수준의 후퇴'라고 해야 할 것이다.

IMF 이후에 나타난 이 같은 상가경기의 침체에는 과거와 다른 원인이 숨어 있다. 그것은 빈부격차의 확대에 따른 소비양극화이며, 또 다른 하나는 유통구조의 이원화이다.

상가 점포들도 분명히 유통업을 구성하고 있지만 인터넷이나 케이블 TV 등에 의한 무점포 판매, 대형 할인점, 고가품 전용 백화점 등에 의해 그 존립이 계속 도전을 받고 있다.

여하튼 기존의 점포수가 줄어듦으로써 점포수가 많을 때에 비해 남아있는 점포들의 영업환경이 유리해지고, 새로이 들어서는 점포는 달라진 소비구조와 유통구조에 적응하는 방식을 취하게 되는 것이다.

■ 투기 · 투자 · 내 집 마련의 차이

좀 거창한 표현을 빌리자면 구조조정은 이 사회에 진정한 자본주의를 가져오는 과정이라고 할 수 있다. 다시 말해서 두리뭉실하게 더불어 잘 사는 사회를 끝냄으로써 카우보이식의 적자생존이라는 자본주의 본연의 냉정함을 되찾아가는 과정인 것이다.

이는 사회 전반적으로 소득수준 및 소비가 감소하는 것과 함께 소비구조와 생활수준이 양극화하는 데서 그 원인을 찾을 수 있다. 그리고 이 같은 양극화는 부동산시장의 대표격인 아파트시장에서도 나타난다. 그 이유는 아파트의 구입이 다음의 두 가지 성격을 동시에 갖기 때문이다.

아파트를 구입하려고 할 경우 정색을 하며 가끔 이렇게 말하는 사람들이 있다.

"저는 투기를 목적으로 하는 그렇고 그런 부류의 사람이 아닙니다. 실수요자로서 내 집을 마련하려는 겁니다."

그렇다면 투기와 내 집 마련은 별개인가? 또 투기와 투자는 무엇이 다른가?

우리나라는 '투기'에 대한 사회 전반의 시선이 지엄하리만큼 따갑다. 하지만 이러한 견해는 이제는 완전히 바뀌어야 한다고 본다.

"우리나라는 자본주의 역사가 매우 짧으며 이로 인해 부작용과 역사의 왜곡이 적지 않다."

이 말은 곧잘 서민정책의 미비함을 적당히 얼버무리는 정책당국이나 정치권의 구차한 자기 변명으로 인용되는 표현의 하나였다.

어찌 됐든 50년에 불과한 길지 않은 기간 동안 우리나라의 증권시장은 세계 10위권을 노크하였고, 파생금융상품인 선물시장은 세계 5위 안에 들어가는 화려한 성장을 하였다. 그런데 문제는 이 '화려한 성장'이라는 무대의 뒤편에 깃든 '초라함'이라고 해야겠다.

비유하자면 한 사람의 스타가 화려하게 전성기를 구가하기 위해서는 아직 각광을 받지 못한 수십, 수백 명의 연예인이 주린 배를 움켜쥐고 있어야 하는 것과 같다.

과거에 투기가 죄악시될 수밖에 없었던 것은 소수의 부유층이 경제 전반의 성장 혜택을 입는 차원을 넘어 '못가진 계층'에게 돌아갈 혜택마저 사실상 착취하는 수단으로서 투기가 악용된 측면이 강했기 때문이다. 경제가 나아진 혜택이 소위 '돈놀이'하는 계층에게만 향하는 경향이 없지 않았다. 즉 '돈이 돈을 버는' 시대였던 것이다.

그러나 이제는 투기에 대해서 죄악시하는 인식은 고쳐져야 할 것이다. 돈이 돈을 버는 시대는 끝났기 때문이다.

선물시장을 예로 보자!

선물시장은 도박으로 치면 하우스(House) 도박에 해당한다. 선물거래수수료를 제외하고 돈을 딴 사람과 잃은 사람의 액수를 합하면 정확히 플러스·마이너스 '제로(0)'가 되기 때문이다. 선물거래소는 공정한 게임으로서의 도박장소를 빌려주고 사용료(거래수수료)를 받는 것이다. 즉 제로섬(Zero-sum) 게임인 것이다.

이제 옵션시장을 예로 보자!

옵션시장은 도박으로 치면 카지노(Casino) 도박에 해당한다. 즉 딜러와 게임을 하는 것이며, 옵션발행자와 옵션투자자의 이익과 손실은 정확히 일치함으로써 역시 제로섬 게임이 된다.

결론적으로 말해서 이제 금융시장의 재테크에서 돈을 벌자면 금융기관을 상대로 하거나 또는 (눈에 보이지 않는) 다른 투자자들을 상대로 게임을 해서 이겨야만 하는 것이다. 즉 거저먹을 돈은 없어졌다고 보아야 하는 것이다.

이번엔 부동산시장을 살펴 보자!

과거에는 부동산에 투자한다고 했을 때 대충 투자해도 이익을 보는 것이 가능했다. 정도의 차이가 있을지언정 비슷비슷한 수익률을 안겨 주었다.

그러나 이제는 상황이 완전히 달라졌다. '왕따'라는 말이 부동산과 증권 등의 재테크시장에도 그대로 적용된다. 일단 이 왕따로 분류되면 상승장세 속에서도 철저히 외면당하는 고통을 겪게 되는데, 이는 사회 전반적으로 퍼진 구조조정이 재테크에도 파급되어 나타나는 현상이다. 반면에 똘똘한 놈 즉, 황금 메뚜기로 분류되면 오히려 이익이 예상했던 것보다 큰 폭으로 증가하게 되는 경우가 보통이다.

이제 경매시장으로 가 보자!

과거에는 '망하는 것'이 사업을 모험적으로 한다든지 또는 보증을 잘못 섰다든지 하는 일부 사람들의 얘기였다. 적당히 직장 생활을 하거나 안정적인 장사를 하면 망할 이유가 거의 없었다. 왜냐하면 직장에서 특별히 잘못을 하지 않는 한 짤릴 염려가 없었고, 장사를 하는 경우도 영업을 아주 엉망으로 하지 않는 한 가게세 내고 생활비 버는 데 별 어려움이 없었기 때문이다.

그러나 지금은 과거와 얘기가 다르다. 망하는 것이 어느 특정한 계층의 전유물이 아닌 것이다. 직장인도 더 이상 철밥그릇이 아니고, 자영업도 특화된 경쟁력을 갖추지 않는 한 도태되고 만다. 더 벌기 위해서 고급화하고 대형화하는 것이 아니라 살아남기 위해서 고급화하고 대형화하는 시대가 도래한 것이다.

이와 같은 상황이다보니 경매물건의 종류가 보다 많아지면서 구색이 갖추어지는 경향이 나타났다. 예를 들어 소형 아파트의 경우 경매물건이 크게 늘어나고 있는데 이는 과거에는 드문 현상이었던 것이다. 과거에는 아파트 경매물건들 가운데 대형 아파트나 고급빌라들이 주종을 이루었으며 소형 아파트는 그리 많지 않았다.

그리고 금융과 부동산이 서로 연계되어 움직이는 경향이 높아짐에 따라 경매시장에도 시기에 따른 일정한 사이클이 형성될 가능성이 높아지고 있다. 경매 낙찰물건의 대부분을 차지하는 아파트 물건의 경우 시장 자체가 커진 것도 한 원인이 될 것이다. 이는 결국 '무엇을 낙찰받느냐'에서 '언제 낙찰받느냐'로 투자 패러다임이 바뀌는 것을 의미한다.

■ **경매도 부동산 활동의 하나다**

'부동산'하면 일단 부동산중개업소부터 떠올리게 되지만 부동산중개업소는 다음의 4대 부동산 활동 가운데 하나인 거래활

부동산 활동

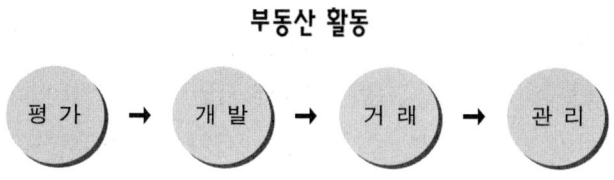

동의 일부분을 담당하고 있을 뿐이다.

　경매를 통해 부동산을 낙찰받는 것도 일종의 매매방식의 한 유형이라고 할 수 있다. 다만 소유자인 매도인으로부터 집을 사는 것이 아니라 법원으로부터 사는 것일 뿐이다.

　법원경매에서는 법원이 매도자의 역할을 한다. 법원경매 물건이 꾸준히 출회되는 것은 낙찰받으려는 사람의 입장에서는 선택의 폭이 상당히 넓어진 것을 의미하게 되는데, 그것은 법원경매와 중개업소를 통한 거래 간에는 다음과 같은 차이가 있기 때문이다.

　중개업소를 통한 부동산매매는 매도자 시장 즉, 셀러 마켓(Seller's Market)의 성격을 갖고 있다. 매도자가 내놓은 가격(호가)을 살 사람이 받아들이면 그 가격에 거래가 되거나 또는 흥정을 통해 조정된 가격에 거래가 성사된다.

　그리고 인터넷이나 PC통신에 의한 매물정보가 늘어났어도 거래를 위해서는 그 지역(매물이 소재하는 동네)에 가야만 한다. 원하는 지역을 찾아가 그 지역의 여기저기를 둘러보다가 마음에 드는 물건이 눈에 띄면 그 지역의 중개업소에서 계약을 하게 된다.

　중개업소를 통한 거래가 매도자 시장의 성격을 갖는 것은 "이 집이 어떻게 마련한 집인데…"라는 주관적 가치 때문이다. 따지고 보면 '내 집 마련' 한번 하는 데 사연이 없을 수 있겠는가?

　그렇지만 법원경매는 철저히 사는 사람이 값을 정한다. 법원에서 최저경매가를 정해주면 이 최저경매가 이상을 쓴 사람들 가운데 가장 높은 가격을 제시한 사람이 낙찰을 받게 된다. 즉 물건 주인의 "어떻게 마련한 집인데…"라는 식의 주관적 가치가 배제되는 것이다.

구조조정과 법원경매

최근 들어 법원경매장은 싼값으로 집 장만을 하려는 실수요자들로 활황(?)을 구가하고 있다. 이는 자본시장의 안정적 상승에 힘입은 것으로 해석되는데, 증권시장을 주축으로 한 자본시장이 이처럼 안정적 회복세를 보이게 된 데는 두말할 것도 없이 외국자본의 유입에서 비롯됐다고 해야 할 것이다.

그러나 "세상 일에는 공짜가 없다"고 하듯이 마음이 좋아서 그들의 귀중한 돈을 우리나라에 투자하는 것은 아니다. 그들은 그들의 돈이 그들 나름대로의 '합리적 방식'으로 운영되기를 원하고 있으며, 이는 결국 구조조정으로 귀결될 수밖에 없는 것이다.

구조조정은 비용절감이 아니다. 구조조정은 불합리한 부분이나 기업을 아예 짤라내는 방식으로, 낭비를 줄이자는 것이 아니라 낭비가 발생할 여지를 사전에 없애버리는 것이다. 이는 기업들의 정리(청산)와 감원으로 이어지고, 결국 다음과 같은 2가지

결과를 초래할 것이다.

첫째, 여러 종류의 부동산 경매물건들이 꾸준히 출회된다.

둘째, 부동산시장의 차별화가 나타난다.

경매물건의 증가에 대해서는 이미 설명하였으므로 부동산시장의 차별화에 대해서 살펴 보자.

카우보이 자본주의는 우리나라에서만 문제되는 것이 아니다. 외국자본의 혜택을 받는 나라는 모두 피하기 어려운 필요악이라고 해야 할 것이다. 카우보이 자본주의가 도입되면 기업이든 개인이든 간에 잘 나가는 곳은 더 상황이 좋아지겠지만 어중간하게 묻혀서 지내던 계층은 더 어려워지게 된다.

따라서 증권시장에서도 차별화가 극심해지고, 부동산시장에서도 지역여건이 좋은 물건과 그렇지 않은 물건 간에 차별화가 심해지게 된다. 증권이든 부동산이든 시세가 오를 분명한 이유가 있어야만 비로소 오를 수 있으며, 그렇지 않으면 상승장세에서도 오히려 하락할 가능성이 있는 것이다.

이제는 아파트 한 채를 사더라도 괜찮은 지역의 쓸만한 물건을 골라야 한다. 그렇지 않으면 내 아파트는 값이 제자리인데 다른 지역만 값이 올라가게 되므로 40평대에서 살다가 30평대로 줄여갈 위험이 높아지게 된다.

법원경매의 경우 하나의 법원(또는 지원)에서 광범위한 지역의 물건을 취급하고 있다. 또 서울이나 수도권을 포함한 전국의 경매물건 정보를 얼마든지 앉아서 받아볼 수 있다는 장점이 있다. 특히 일반매매보다 유리한 점으로는 그때그때 팔 사람을 만나서 밀고 당길 필요없이 적정한 가격으로 응찰하기만 하면 된다는 점을 꼽을 수 있다. 즉 각 지역에서 나오는 물건들을 지역별로 또는 물건별로 검토한 후에 구입목적에 맞는 물건을 고르면 되는 것이다.

특히 공개시장이며 경쟁시장인 법원경매의 본래 성격에다가 금융시장과 긴밀한 상호작용을 한다는 특성을 잘 활용하면 저금리·저성장시대를 극복할 수 있는 훌륭한 재테크 방법으로서 손색이 없을 것이다.

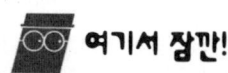 여기서 잠깐!

왕따는 부동산시장에도 있다

2000년대 이후의 부동산시장의 성격을 단적으로 짚어보라고 한다면 한마디로 '차별화의 성격을 갖는다'고 할 수 있다.

90년대 후반에 들어오면서 나타난 경제현상 가운데 뚜렷한 특징은 「환율·이자율·부동산·주식시장」의 4대 재테크 시장이 상호간에 동시적으로 반응을 보이고 있다는 점이다.

그 이전까지만 해도 이자율에 의해 국내 실물경기가 영향을 받고 이는 다시 주식시장에서 외환시장·부동산시장으로 영향이 파급되는 일종의 순환고리를 형성해 왔다.

그런데 이제 이런 순환고리를 타고 순차적으로 보여오던 움직임을 더 이상 찾아보기 어렵게 되었고 오히려 주식시장이 호황이면 외환시장이 강세라는 역추적을 낳게 하고 있다.

이 같은 전체 금융시장 성격의 변동은 주식시장의 테마를 부동산시장으로 바로 이어받게 하는데, 바로 '차별화'라고 하는 달갑지만은 않은 테마이다.

물론 자신이 사는 지역이 선도지역에 해당하게 되어 다른 지역의 집값 상승률을 월등하게 앞지른다면 이는 달가운 일이겠으나 이른바 '왕따' 지역으로 분류되면 재산상의 손실이 자신도 모르는 사이에 쌓이게 된다. 일단 집을 구입하게 되면 3~4년 정도는 지난 후에 팔기 때문이다. 즉 3~4년 동안 다른 지역은 오를 만큼 오르기 때문에 이사 가기 위해서는 결국 평수를 줄여가지 않으면 안된다.

금융과 부동산

금융과 부동산, 여기에 대한 접근이 어려운가? 절대로 그렇지 않다. 어렵다면, 다시 말해 학자적 지식이 있어야만 이해가 가능하다면 그것은 이미 재테크가 아니다. 투자의 기본은 같다.

권리금과 듀레이션(Duration)을 통해서 이러한 것을 확인해 보자.

신참 장사꾼과 노련한 장사꾼

최근 국내외에 걸친 경제여건의 어려움에 따라 명퇴를 당하고 자영업에 진출하는 경우를 주변에서 어렵지 않게 볼 수 있다.

어떤 사업이든 이론이나 지식으로 대처가 가능한 경우는 없다. 오히려 '경험'이란 것이 훨씬 더 중요한 역할을 하게 된다. 다년간에 걸쳐 직접 발로 뛰며 체험에서 얻은 사업경험이야말로 사업의 성패와 직결되는 생존의 기술이자 본능이다.

자영업자들의 경우 잠깐 동안 대화를 나눠보면 그 사람이 연륜이 깊은가, 그렇지 않은가를 금방 알 수 있다. 특히 해당 업종에 뛰어들 것인가, 말 것인가를 결정하는 투자결정 시점에서 초보와 고참은 더욱 쉽게 구분된다.

초보의 경우 '얼마를 투자해서 매년 얼마를 벌 것인가'에 초점을 맞춘다. 즉 수익률이 얼마인가에 관심을 둔다.

"5,000만원 투자해서 매월 100만원 벌면 수익률이 연간 24%이고, 1억원 투자해서 매월 250만원씩 벌면 연간 수익률이 30%이므로 이건 좋은 투자물건이다."

이런 식으로 생각하므로 초보에겐 수익률이 높으면 좋은 업종이자 좋은 투자대상이 되는 셈이다.

반면에 고참은 '내가 투자한 돈을 얼마만에 회수할 것인가'에 초점을 둔다. 즉 회수기간이 얼마인가에 관심을 둔다. 이것은 일단 본전을 챙겨둠으로써 종자돈을 보존하자는 것을 뜻한다. 일단 들어간 돈은 뽑고 난 후에 버는 돈이 '진짜 버는 돈'이라고 생각하는 것이다.

위의 초보와 고참 중 어느 입장에 서서 재테크 또는 투자를 할 것인가는 여러분의 몫이다.

권리금

　권리금은 상가·점포의 임대에서 '임대사업의 전문가'인 상가임대인과 '장사의 전문가'인 상가임차인을 묶어줌으로써 상가의 임대차 관계가 임대인과 임차인 모두에게 플러스가 될 수 있도록 하는 부동산거래의 중요한 관행으로, 법원에서도 판례로서 인정하고 있다.
　권리금이란 쉽게 말해서 상가나 점포에서 1~2년 동안에 걸쳐 벌어들일 것으로 예상되는 이익금이다.
　"마진보고 장사하나요."
　이 말에서 알 수 있듯이 권리금을 잘 받고 가게 자체를 넘기는 것이 물건 팔아서 푼돈 남기는 것보다 훨씬 짭짤할 수 있다.
　그렇다면 권리금으로 '더블'을 보는 방법은 무엇이겠는가? 예컨대 내가 권리금 5,000만원을 내고 들어왔다면 권리금 1억원에 다른 사람에게 넘기는 방법은 무엇이겠는가?
　이것은 내가 1~2년간에 낼 이익금인 권리금을 6개월에서 1년 사이에 걸쳐, 즉 절반의 기간 동안에 내가 지불한 권리금을 회수하는 것을 의미한다. 바꿔 말하면 기간을 반으로 줄이면 권리금은 더블, 3분의 1로 줄이면 즉 4~6개월로 줄이면 권리금은 3배가 되는 것이다.
　이와 반대로 만일 장사 수완이 시원찮아서 1~2년 동안 권리금을 뽑기는커녕 밥도 제대로 못 먹는 상황이 되면 그 점포는 바로 '무권리금 점포'가 되는 것이다. 물론 권리금이 없어졌다고 해서 권리금이 전적으로 아주 없어지는 것은 아니다. 기본적인 시설비 일부와 물건(재고)값은 흥정을 통해서 어느 정도 회수가 가능할 것이다.

듀레이션

인생을 사는 것은 그 성격의 차이가 있을 뿐 선택의 연속이다. 아침에 출근할 때 '버스를 타고 갈 것인가, 지하철을 타고 갈 것인가' 하는 사소한 선택에서 '영자와 결혼할 것인가, 순자와 결혼할 것인가' 하는 중요한 선택도 있을 것이다.

여기에서 설명하고자 하는 선택은 투자와 관련한 선택, 그 중에서도 재테크와 관련된 선택이다. '부동산에 투자할 것인가, 주식에 투자할 것인가' 그리고 부동산에 투자한다면 '상가나 점포 쪽에 투자해야 하는가, 사무실이나 오피스텔 또는 아파트 쪽에 투자해야 하는가'에 대해 결정을 내려야 할 때 그 판별 기준으로 쓸 수 있는 방법은 여러 가지가 있다.

'월 1%(1부)냐, 2%(2부)냐' 하는 식의 방법은 가장 널리 쓰이는 방법이며, 얼마만에 본전을 다 뽑느냐(회수하느냐) 하는 방법도 널리 사용되는 방법이다. 이 가운데에서 '얼마만에(어느 기간 동안에) 본전(투자원금)을 모두 회수하느냐'를 갖고서 평가하는 방법인 듀레이션에 대해서 알아보자.

듀레이션에 대한 이해를 돕기 위해서 예를 들어 보겠다.

채권에는 크게 이표채와 할인채가 있는데 이 중 이표채는 일정한 이자를 매년 또는 매기(월)별로 지급하는 채권이며, 할인채는 이자부분을 뺀 나머지 부분만을 투자하고 만기시 원금을 받을 때 이자를 한꺼번에 받는 채권이다.

먼저 매년 연리 10%의 이자를 주는 1,000만원짜리 이표채 채권이 있는데, 다음과 같은 조건을 갖고 있다고 하자.

- 채권의 권면에 표시된 이자율 : 10%
- 시중 실세 금리 : 15%
- 채권의 만기 : 5년
- 채권 액면 가액 : 100만원(10장)

이상의 조건을 가진 이표채 채권의 듀레이션은 다음과 같게 된다.

연수	이자 & 원금	$\dfrac{\text{이자(또는 원금)}}{\text{원리금 합계}}$	$\dfrac{\text{이자(또는 원금)}}{\text{원리금 합계}} \times \text{연수}$
1	100,000원	$\dfrac{100,000}{1,500,000} = 0.07$	$0.07 \times 1 = 0.07$
2	100,000원	〃	$0.07 \times 2 = 0.14$
3	100,000원	〃	$0.07 \times 3 = 0.21$
4	100,000원	〃	$0.07 \times 4 = 0.28$
5	1,100,000원	$\dfrac{1,100,000}{1,500,000} = 0.72$	$0.72 \times 5 = 3.60$
계	1,500,000원	1	4.3

여기서 표 하단의 '4.3'이라는 숫자는 이 채권을 회수하는 데 걸리는 기간을 의미한다. 따라서 이 채권의 회수기간은 4.3년인 것이다. 표현을 달리하면 이 채권의 듀레이션이 '4.3'이라는 것이다.

만일 이 채권의 권면에 기재된 이자율이 10%가 아니고 15%로 높아진다면 매년 회수되는 액수가 늘어나므로 듀레이션은 그만큼 짧아지게 된다. 권면에 표시된 이자율이 20%, 30%이면 어떻게 되는가? 이때도 듀레이션이 짧아지는 것은 물론이다. 다만 이런 채권을 사기 위해서는 프리미엄을 주어야 할 것이다.

이번엔 이 채권이 만기 때 이자를 한꺼번에 주는 할인채 방식으로 발행될 경우를 보자.

할인채는 중간중간에 이자를 받지 못하는 대신 싸게 구입할 수 있으므로 저축의 효과는 높을 것이다. 그러나 듀레이션은 채권의 만기와 같다. 가령 만기 5년인 채권의 듀레이션은 5이며, 만기 10년인 채권의 듀레이션은 10이 되는 것이다. 이것은 중간에 커버되는 이자 등이 없기 때문이다.

이상에서 설명한 것은 엄밀히 말하자면 가중평균상환기간(WATM:Weighted Average Term to Maturity)이며, 듀레이션은 현재가치로 할인하여 산정되므로 약간 달라지게 된다. 그러나 개념상 차이는 없다.

권리금과 듀레이션

권리금은 상가의 임대차에 있어서 임대인과 임차인을 연결시켜 주는 고리 역할을 하게 된다. 권리금의 존재에 의해 임대인은 월세 수입을 보장받고, 임차인은 권리금의 존재에 힘입어 장사에 전념하면서 경쟁력을 갖추기 위해 시설투자를 하고 광고를 하는 것이 가능해진다.

결국 이 권리금의 존재로 인해 상가는 전세에 비해 월세가 보편적이 되고 있으며, 이 권리금이 높아지는 것과 비례해서 상가의 매매가는 안정적이 되어 가는 경향이 뚜렷해지게 된다.

권리금은 부동산에 있어서 프리미엄의 개념이며, 채권에 있어서도 할증발행(프리미엄부 발행)의 경우에는 할인발행에 비해 이자율 위험에 덜 민감해지게 된다. 즉 안정성이 높아지게 되는데 이것은 이자율이 내리더라도 이익(매매가)이 크게 오르지 않고, 반대로 오르더라도 상가(또는 채권)의 매매가격이 별로 내리지 않는 것을 뜻하게 된다.

이와 같이 상가의 매매가격은 권리금을 중심으로 설명하는 것이 가능하며, 채권의 듀레이션을 중심으로 설명하는 것도 가능하다.

상속·증여에는 경매가 최고다

상속·증여가 부유층만의 일은 아니다. 상속·증여라고 하면 일부 부유층에서나 일어나는 거창한 일로 생각하기 쉽지만 결코 그렇지 않다.

다소 철학적인 표현일지 모르겠으나 세상의 모든 재물은 신에게 속해 있고 인간은 생명이 남아 있는 동안 한시적으로 향유할 권리만을 갖는 것이다. 부동산 또한 영속적인 소유는 불가능하며 인간은 관리만을 할 수 있는 것이다.

60 평생을 놓고 볼 때, 사람이 제대로 돈을 버는 기간은 약 20년 정도에 불과하다. 물론 30대 초반에 자신의 힘만으로 상당한 위치에 오르는 탁월한 능력가도 없지 않지만, 보통의 경우라면 청년기에는 자기가 벌어 자기가 쓰는 것도 벅차다고 할 수 있다.

그러므로 사람은 인생의 절반 이상은 다른 사람의 도움에 의존하게 되고, 자신도 역시 절반 이상의 인생을 다른 사람을 먹여 살리는 데 쓰는 것이다. 결국 우리가 말하는 '성공한 인생'이란 누군가에게 많은 것을 물려주는 인생도 되는 것이다.

상속·증여를 부정적으로 보는 사회적 견해가 만만치 않은데도 불구하고 이것이 국가적으로 인정되는 것 또한 세계적 현상임이 분명하다. 죽은 자의 명의로 된 재산은 원칙적으로 있을 수 없듯이 사람은 살아 있는 동안 재산을 소유하게 되며 사망과 동시에 소유권도 잃게 된다. 다만 국가가 상속을 제도적으로 인정하기에 자손들에게 물려줄 수 있다고 보는 것이다.

싸게 사는 만큼 남는다

경매의 단점 가운데 가장 첫번째로 꼽히는 것이 바로 사전에 이사 날짜를 정확히 예측하기가 어렵다는 것이다. 때문에 살고 있는 집을 팔아서 그 돈으로 옮겨갈 새 집을 사야 하는 대부분의 실수요자들에겐 경매재테크 참여가 원만치 않을 수도 있다.

하지만 이사 날짜를 '몇월 며칠' 하는 식으로 딱 잘라 말할 수는 없지만 '몇월 하순' 하는 식의 대략적인 예측은 가능하다. 그러므로 조금만 번거로움을 감수한다면 같은 값에 평수를 늘릴 수 있을 것이다.

출가를 앞둔 자녀에게 사주는 경우

자녀에게 집을 사주거나 할 때는 어차피 있는 돈으로 사주는 것이다. 그리고 자녀가 미성년자만 아니면 문제될 소지가 별로 없다. 출가를 앞둔 자녀이건, 같은 세대 안에서 부모와 함께 거주하는 자녀이건 경매로 집을 사주는데 거의 무리가 없다고 할 수 있다.

그러나 결혼 날짜가 3~4개월 정도 여유가 있다면 경매로 집을 사주는 것이 가능하지만 결혼 날짜가 1개월 뒤에 잡혀 있다든지 할 경우에는 경매로 집을 사주는 것이 사실상 불가능하다.

결혼을 앞둔 자녀에게 집을 사주는 경우 결혼식 날짜 1개월 전쯤에 잔금을 치르고 열쇠를 넘겨받아 인테리어와 가구배치를 하는 것이 보통이므로, 3~4개월 전에 낙찰을 받는 것도 그렇게 빠르다고는 할 수 없다.

자녀가 아직 소득이 없는 경우

소득이 없는 자녀가 부동산을 취득할 경우 증여세가 당연히 문제되는데, 이 경우 오히려 경매로 사주는 것이 일반매매로 사주는 것보다 나을 수 있다. 그리고 어차피 내야 할 세금이라면 처음부터 낼 각오를 하고 일을 시작해야 절세 효과와 재테크 효과를 높일 수 있다.

 세금을 줄이고자 한다면 대항력 있는 임차인을 활용해 보자. 또는 적당히 하자 있는 물건을 고르는 것에 의해서도 얼마든지 소기의 목적을 이룰 수 있다.

 경매는 취득가액이 법원에 의해 공식적으로 인정된다. 낙찰을 싼 가격에 받기만 하면 증여세의 부과기준이 되는 증여액수 즉, 과세표준 또한 싸게 낙찰받은 취득가액을 기준으로 정하여진다.

 예를 들어 5,000만원에 낙찰을 받은 경우라면 증여가액은 「5,000만원＋취득·등록세액＋증여세액」이 되는 것이다. 여기서 취득세와 등록세는 낙찰가액의 약 6% 정도 된다(취득세 약 2.2%, 등록세 약 3.6%).

 증여가액에 증여세액도 포함하는 데에는 그만한 이유가 있다. 증여세는 증여를 받은 사람 즉, 수증자가 내도록 되어 있다. 현금을 증여했을 때는 증여받은 현금으로 납부했다고 한다면 문제될 것이 없다. 그런데 부동산을 증여한 경우에는 증여를 받은 수증자가 증여세를 납부할 능력 즉 '소득이 있다'는 입증을 갖고 있지 않는 한 증여세까지도 증여받게 된다.

 따라서 증여세 자체를 고려하지 않고 산정된 순수 '증여가액'에서 약 10% 정도를 추가하여 증여세를 납부한다고 보면 무난할 것이다.

 이렇게 산정된 증여가액에서 직계존비속 간의 공제액을 차감

한 후 여기에 증여세율을 곱하면 신고·납부할 증여세액이 산출되게 된다.

 이상의 설명을 요약하면 증여세를 내지 말자는 것이 아니라 '적게나마' 내자는 것이다. 비록 적은 액수라 할지라도 왜 증여세를 적극적으로 내야만 하는가?

 부동산는 법적 재산이다. 따라서 법률적인 측면에서 사소한 하자가 있을 경우 가격은 그 결함만큼 내리는 것이 아니라 2~3배까지도 폭락하게 되며, 반대로 그 법적 하자가 취유되면 가격은 원상회복이 된다.

 한번 세금을 냈으면 같은 재산에 대해서는 두 번 과세되지 않는다. 이렇게 증여세를 낸 재산의 법률적 하자를 원상회복시켜

놓고 팔게 되면 그 돈만큼)은 차후의 소득입증자료로 사용할 길이 열리는 것이다.

이런 식으로 증여세 수백만원을 가지고 수억원대의 부동산을 증여시킬 수 있게 되는 것이다.

상속세·증여세·양도소득세를 실질적 의미의 재산세라고 한다. 자칫하면 재산을 파괴하는 역할을 하는 세금이기 때문이다. 그렇다고 적극적으로 대처하지 않고 소극적으로 탈세만 하려 했다가는 꼼짝없이 낭패를 당하게 된다. 이 세금들이 모두 '당해국세(당해 재산에 직접 부과되는 국세)'이기 때문이다.

경매와 분양 모두 취득가액이 공식적으로 확인된다는 공통점을 가지고 있다. 이는 사실상 경매와 분양의 단점이기도 하지만 장기적 안목의 '세(稅)테크' 관점에서는 역이용하는 것이 가능하다.

부동산펀드와 법원경매

부동산과 금융시장

　부동산과 금융시장의 결합, 이것은 남녀의 결혼과 같다. 결혼에 대해 여러 가지로 해석할 수 있겠으나 '잘되면 행복하고, 잘못되면 안 하느니만 못한 게 결혼'이라고 할 수 있다. 그렇다고 아예 결혼을 하지 않는 것은 스스로 불행과 행복의 기회를 동시에 포기하는 것이다.

　물론 '부동산시장과 금융시장의 결합'이라고 하는 이상향이 단순한 추상적 개념이나 비현실적인 논리로는 이루어질 수 없다. 이들을 연결시키는 구체적인 고리가 될 수 있는 수단이 반드시 있어야 하는데 여기에 대한 방안으로 나온 것이 바로 부동산 뮤추얼펀드와 종합자산 펀드이다.

부동산 뮤추얼펀드와 증권 뮤추얼펀드

최근까지 불어닥쳤던 구조조정 등의 여파와 이자율 하락으로 정기적인 수입이나 재테크 등의 재산관리에 대한 사회적 관심이 부쩍 늘어나면서 '묻지마 펀드'라는 말이 나올 정도로 증권 시장의 뮤추얼펀드 가입자가 폭증하였다.

이에 다른 한쪽에서도 공동입찰방식의 개선과 함께 부동산 경매펀드가 속속 출범하는 가운데 상당수의 펀드들이 모금액 달성에 성공하는 호조를 보이고 있다.

선진국의 경우 부동산 뮤추얼펀드 즉, 리츠(REITs:Real Estate Investment Trust)는 주식이 아닌 부동산 및 모기지(Mortgage) 증권에 투자한다는 것만 빼고 증권 뮤추얼펀드와 다른 게 없는 간접투자상품으로서 자리를 잡아가고 있다.

반면에 국내의 부동산 뮤추얼펀드는 사정이 다르다고 할 수 있다. 이들이 내걸고 있는 장미빛 투자수익률은 공수표가 될 가능성이 있으며, 더군다나 투자자 보호장치가 없는 만큼 원금의 회수 가능성에 대한 위험도 감수해야 할 것이다.

모기지(주택저당증권) 제도의 도입은 부동산을 소유에서 이용 개념으로 바꾸는 중요한 계기라고 할 수 있다. 그런데 국내의 부동산 뮤추얼펀드의 경우 부동산 투자에서 가장 중요시 되는 (성숙단계의 부동산 투자에서는 가장 중요시되는) 환금성에 대한 보장이 없다. 사실 아직까지 우리나라에서는 부동산 뮤추얼펀

드(일명 한국식 리츠) 제도가 법제화되지 않은 만큼 미국식 부동산 뮤추얼펀드인 리츠와는 비교 자체가 무의미할 것이다.

따라서 최근 신문지상에 광고되고 있는 부동산 뮤추얼펀드의 경우 일단 수익률 부풀리기로 밀어붙이는 경향이 짙어질 수밖에 없게 되며 결국 지분제 분양상가나 주주형 임대사업, 조합주택의 단점이 그대로 나타날 가능성만 높아지는 것이다.

조합주택의 경우 당초에 제시된 분양가가 제대로 지켜진 경우보다 그렇지 않은 경우가 오히려 일반적이라고 할 수 있는데 조합주택은 문제되는 부동산 뮤추얼펀드에 비한다면 그래도 나은 편이라고 할 수 있다.

부동산 뮤추얼펀드는 최근 법제화가 이루어진 모기지 제도가 정착이 된 후에야 투자상품으로서의 자리매김이 이루어질 것으로 전망된다. 모기지 제도와 부동산 뮤추얼펀드와의 사이에 어떤 직접적인 연관고리가 있는 것은 아니지만 둘 다 금융과 부동산의 결합이라는 성격을 갖고 있으며, 모기지 제도가 먼저 저변을 이룰 가능성이 높기 때문이다.

따라서 부동산 펀드에 관심이 있는 투자자라면 환금성에 주안점을 두는 투자자세가 바람직할 것으로 보이는데 이 환금성이야말로 부동산 금융화의 핵심이다.

또한 4~5년전의 주식깡통에 이어 최근에는 채권형 펀드에서도 나타났던 깡통펀드의 문제점들을 짚어봐야 할 것으로 보이는데 이는 바로 펀드운영자들에 대한 평가제도로 집약된다.

적잖은 부동산 펀드들의 경우 전통적인 투신권 적립식펀드 방식의 운영을 벗어나지 못하는 것을 볼 수 있는데 부동산과 금융이 일맥상통하는 것이기는 해도 그야말로 이질적이면서도 사후 보완적이다.

직접투자이든 간접투자이든 투자의 결과는 투자자 본인의 몫이다.

간접투자와 직접투자

한때 주식시장에서 "아직도 주식투자를 직접 하십니까?"라는 '아직도' 시리즈 유머가 유행한 적이 있다.

부동산에 투자하려면 간접투자가 나은지, 직접투자가 나은지 따져보기 전에 우선 증권시장과의 비교를 통해서 부동산 뮤추얼펀드의 생존 가능성을 진단해 보자.

첫째, 증권시장에 뮤추얼펀드가 유행할 수 있었던 것은 주식의 거래가격이 명확하게 표시되는 증권거래소 시장의 특성이 있기 때문이다. 이에 반해 부동산(부동산 뮤추얼펀드의 경우 당연히 '부동산'이 취급품목이다)은 거래가격이 명확하지 않을 수 있는데 이렇게 될 경우 공시된 수익률의 공정성에 논란이 생길 여지가 있다.

둘째, 증권시장에서 뮤추얼펀드가 선풍을 일으킬 수 있었던 것은 증권사 저변인구의 확대와 더불어 양질의 증권사 인력이 풍부했던 점을 들 수 있다. 이에 반해 부동산시장은 아직도 복덕방과 중개업자의 개념 구분마저 모호하며, 비합리적으로 낮은 법정 중개수수료로 인해 양질의 인력이 부동산업계에 정착하는 것 자체가 어려운 실정이다. 현재 법정 중개수수료는 주식 매매수수료의 절반도 안된다. 한마디로 수고비와 수수료의 개념 구분이 안되어 있는 것이다.

셋째, 주식시장에서 뮤추얼펀드에의 호응이 광범위했던 것은 매일매일의 거래에 촉각을 기울어야 한다는 주식시장 자체의 변동성(Volatility) 때문이다. 이에 반해 부동산은 매일매일 단말기 앞에서 시세가 어떻게 변하느냐에 촉각을 기울일 필요까지는 없는 것이다.

이상의 사실을 종합해 보면 부동산 뮤추얼펀드는 부동산시장 및 컨설팅 분야가 자리를 잡은 후에나 가능해질 수 있다는 결론에 도달하게 된다. 증권 뮤추얼펀드 성공의 배경에는 우후죽순식으로 곳곳마다 생긴 증권사 지점들의 존재가 자리매김하고 있다.

따라서 부동산에 투자할 경우에는 오히려 전문가를 활용하는 직접투자 방식이 낫다고 할 수 있다. 간접투자의 장점이 불확실하고 단점만이 확실한 상황에서 굳이 간접투자에 목을 맬 필요는 없다고 생각한다. 자칫하면 남 좋은 일만 시켜주기 십상이다.

부동산은 지역적 성격이 크고 가격 또한 그 개념 자체가 불투명하다. 그래서 적정가격이 얼마인지 또 실제 거래가격이 얼마인지에 대해서 의구심을 떨치기가 쉽지 않다.

이런 상황에서는 자신이 직접 거래에 대한 모든 책임과 이익·권리를 감수하는 것이 오히려 유리하며, 전문가를 활용하여 직접투자에서 발생할 수 있는 위험요소를 시의적절하게 감소시키면 될 것이다.

예를 들어 보자!

40대 후반이나 50대 초반에 직장을 잃을 경우 사실상 재취업은 어려워지므로 직장생활은 끝났다고 볼 수 있다. 그러나 꼭 직장이란 곳에 출근해서 주는 월급을 받으면서 생활해야만 되는 것은 아니다. 40대, 50대까지 샐러리맨 생활을 해봤다면 그 나머지 인생은 자영업자로서 살아봐도 괜찮지 않겠는가?

내가 오랫동안 샐러리맨 생활을 해봤으니까 이번에는 자영업자로 살 기회가 왔다고 생각하면 되는 것이다. 40대, 50대의 나이까지 직장생활을 했다면 퇴직금도 적지 않을 것이다. 최소한 1~2억은 될 것이다. 또 자신이 살고 있는 집을 판다면 약 3억 정도는 그리 어렵지 않게 조달할 수 있을 것이다.

퇴직금	1억~2억
+ 집	1억~2억
합 계	2억~4억

이 돈이면 웬만한 지역의 상가주택 정도는 낙찰을 받을 수 있다. 상가주택의 경우 경매에서 항상 물량이 풍부한 편이어서 조금만 발품을 판다면 투자가치가 있는 물건을 고르기가 어렵지 않다.

대지면적이나 건축면적, 용도지역 등의 부동산학적인 고려는 일단 접어 두고 간단하게 3층 상가주택을 예로 들어 보자.

3층 상가주택의 일반적인 형태는 다음과 같은 것이 보통이다.

> 3층 …… 주택(주인집)
> 2층 …… 주택(세-임대용)
> 1층 …… 상가(임대 또는 자가영업)
> 지하 …… 창고 또는 상가

그러므로 3층 주택에 살면서 2층은 월세로 주고 1층에서 자영업을 운영해 보면 어떻겠는가? 지하는 직접 자영업에 활용하거나 아니면 임대를 주면 될 것이다.

잘만 하면 당장에 매매차익을 볼 수도 있고, 바로 매매차익을 기대하지는 못하더라도 샐러리맨이라는 직함을 잃은 대신 임대인과 자영업자라는 직함을 동시에 얻게 된다.

상가주택의 경우 바로 매매차익을 보려하기보다는 2~3년 정도 적당히 활용한 후 매매하는 것이 바람직하다. 상가주택은 아파트 등에 비해 매매속도가 느리기 때문이다. 그 대신 2~3년 후에는 제값 이상을 받을 가능성이 높다. 물론 잘못된 입지나 운영 미숙으로 인해 타격이 가중될 여지도 고려해야 한다.

법원경매와 벌처펀드

벌처란 '죽은 짐승의 고기를 먹는 독수리'를 뜻하며, 벌처펀드는 '망한 기업 또는 망해가는 기업에만 투자하는 펀드'를 말한다. 벌처펀드는 고위험·고수익을 추구하는 것이 특징이며, 일반적인 펀드와는 달리 5건을 투자하여 1~2건만 성공해도 상당한 투자성과를 내게 된다. 어차피 망한 기업이므로 처음 투자할 때는 헐값에 사들이는 것이 가능하지만, 나중에 이 기업이 정상화되면 그때는 제값을 받기 때문이다.

법원경매의 경우도 이와 유사한 투자효과를 보는 것이 가능하다. 벌처펀드의 핵심은 이미 망한 기업이 그동안 닦아 놓은 고객망, 거래선, 제품력, 인력자원 등을 그대로 활용하여 빠른 시일에 기업을 되살리는 데 주안점을 두는 것이다. 새로 기업을 만드는 데 즉, 창업을 하는 데 드는 시간, 노력 등을 절약하는 것이다.

경매재테크도 새로 땅을 구입하여 건축허가를 받고 건물을 올리는 시간을 절약하기 위해 이미 건물이 완성되어 있는 기존 부동산을 낙찰받아 리모델링하여 상품가치를 높이고 건물의 용도를 조정하여 전문상가로 탈바꿈한다든지, 경쟁력 있는 임차인을 끌어들인다든지 하여 투자가치를 높이는 데 주안점을 두게 된다.

최근 강남에서 비어 있는 상태에서 경매로 나온 건물을 인수하여 과감하게 세미텔로 용도를 바꾸어 재임대하거나, 책상·전화 등의 일부 집기를 비치해 놓고 신규 창업자나 벤처업종에 보증금 없이 월세만으로 임대하는 것은 좋은 예라고 할 수 있다.

다만 이 경우에는 응찰할 때에 다음의 비용을 고려하여야 할 것이다.

> ● 총비용 = 응찰가격(낙찰가)+취득·등록세+명도비용+
>   전면 개·보수비용(리모델링 비용)+임차인 모집비용

여기서 비어 있는 상가나 사무실의 경우에는 명도비용은 포함시키지 않아도 될 것이다. 그리고 전면 개·보수비용은 평당(건축 연면적) 50만원 이상으로 보아야 할 것이며, 기간도 1~2개월 또는 그 이상으로 보아야 할 것이다. 그외 임차인을 구하는 데 들어갈 광고비 등 판촉비용과 중개수수료 등도 감안하여야 할 것이다.

최근 유행하는 초소형의 세미텔로 임대하거나 기본적인 집기 등을 갖추고 소호(SOHO)용으로 임대할 경우에는 집기 구입 등에 소요될 비용도 감안해야 할 것이다.

법원경매

변하는 것과 변하지 않는 것

법원경매는 호가제에서 입찰제도의 변화를 거쳐 민사집행법의 기율을 받으며 경매 대중화 시대를 맞기까지 부단한 변화의 노력을 보여 왔고 특히 최근 3년여 동안에는 다음과 같은 제도 및 법규의 개선을 통해 이해관계인들의 편의를 도모하고 있다.

필자가 5년 전 언급했던 내용들을 항목별로 되새겨보자.

채무자의 은닉재산 조회 및 재산 명시

재산이 있음에도 돈을 갖지 않는 채무자에 대해 재산을 밝히도록 법원에 신청하는 제도이다. 사생활 침해의 소지가 있어 완전한 해결책의 수준으로 입법화하기가 어렵다는 것이 이 제도의 맹점이기는 하나 '재산을 밝혀라'는 법원의 명령을 받고도 이를 등한시하던 관행에는 상당한 견제 효과를 갖추었다.

변호사 강제주의

약 5년 전부터 있어 왔던 변호사 강제주의에 대한 논란은 2001년 말 민사소송법 개정안에 이 부분이 포함되지 않는 것으로 확정됨으로써 일단락되었다. 따라서 헌법소원을 제외한 민사 및 형사재판에서는 항소심이든 상고심이든 변호사 강제주의가 적용되지 않는다.

5년 전에 필자가 언급했던 내용을 수정 없이 되새겨보고자 한다.

고등법원이나 대법원 재판에서는 변호사를 의무적으로 선임하지 않으면 안 된다. 이것은 현실적으로 볼 때 상당히 타당성이 있어 보인다.

사실 항소가 불필요하게 남발되는 경향이 있고, 또 고등법원 이상의 소송에서 '나 홀로 소송'으로 1심 재판결과를 뒤집는다는 것이 결코 쉬운 일은 아니기 때문이다.

그러나 이같이 타당한 개정안이 사회적으로 비난을 받고 있다. 왜 그럴까? 현재의 변호사제도는 서비스직이라고 보기 어려우며, 변호사들 또한 서비스직에 종사하는 자영업자는 아니라고 본다. 그보다는 사법부와의 공존 시스템으로서 변호사제도를 보는 것이 오히려 현실적일 수 있다.

따라서 미국의 경우처럼 변호사제도가 서비스업으로서 정착되는 단계에 이른다면, 그래서 집 한 채 사고 파는 데 변호사가 개입하는 것이 자연스러운 단계가 된다면 그때는 아예 1심 재판에서부터 변호사 강제주의를 도입하는 것이 바람직할 것이다.

국민 전체를 놓고 볼 때 변호사를 법률서비스업으로써 받아들이는 숫자는 고문변호사를 둘 수 있는 극소수의 부유층에나 가능한 일이다.

변호사 강제주의는 매우 바람직한, 그리고 지극히 필요한 제도이다. 그러나 '차선의 법칙'이란 것도 있다. 법과 관련한 다른 분야는 그대로이고 변호사제도만 앞서가는 것은 일반 서민들에게는 소외감을 증폭시킬 뿐이다.

8·31 부동산 대책과 위헌

8·31 부동산 대책과 관련하여 종부세의 세대별 합산이 위헌 소지가 있고 6억 원 이상 고가주택에 대한 종부세의 부과가 자식과 떨어져서 사는 노인에 대한 배려가 없다는 취지로 쓴 권태형 변호사라는 분의 글을 읽은 적이 있다.

우선 종부세의 세대별 합산은 위헌 소지가 없다. 헌법 법률

체제의 역사가 우리보다 깊은 남반구 서방국가에서 인종차별을 선언한 백호주의 헌법이 상당 기간 지속되었던 사실에서 보듯 헌법이란 법적 논리를 필요로 하지 않으며, 다만 민족 정서와 관습에 합치하면 되는 것이다. 여기에는 정의로우냐 아니냐의 가치기준은 물론 감안되어야 할 것이다.

'주머니 돈이 쌈짓돈'이라는 의식이 우리의 정서이며, 부부는 공동체로 보는 것이 사회적 통념임에는 의심의 여지도 없다.

이 변호사의 주장대로라면 1가구 2주택에도 비과세가 적용되어야 한다. '실질과세의 법칙'이라는 것이 있어 '이상한' 방법으로 세금을 줄이는 것을 막는 일이야말로 조세 채권 확보의 시작인 것이다.

또 노인 세대에 대한 배려가 없다는 주장에 대해서도 변호사들의 경우는 자식 출가시키고 노부부만 남아도 종부세 부과 대상인 기준시가 6억 원(시가 7억 5천만 원) 이상의 대형 아파트에 거주하는 것이 당연지사이겠으나, 대다수 서민들에게는 거의 해당 되지 않는 사항이므로 일반화시키기에는 무리가 있을 성싶다.

현재 우리나라는 전국적으로 7천 명의 변호사 개업을 한 상태인데 국내 인구를 감안했을 때 이 분들은 엘리트임에 틀림없는 만큼 미국 등의 경우처럼 인구 250명당 1명꼴로 발에 채일 만큼 널려 있는 변호사들과는 차원이 다른 것이다.

외국에서는 법대만 나오면 변호사 자격을 주고 있는 탓에 이들은 엘리트로서의 위엄을 포기한 채 법률서비스 없이 자영업자로서 고객들에게 손 벌리기 바쁘다는 점에서 우리의 제도와는 성격이 다른데 필자는 우리나라와 외국 가운데 어느 쪽이 더 바람직한지 궁금하다.

외국에서도 변호사 자격 없이 '돈 받고 법률자문'을 하면 처벌을 받는데 이것은 '대학조차 못 나온' 사람이 법률자문을 하게 되면 의뢰인들에게 피해를 주기 쉬운 만큼 이 조항이 위헌 소지가 있다고는 보지 않는데 우리나라 변호사법의 처벌조항은 의뢰인을 위한 것인지 변호사분들을 위한 것인지 다소 의문이 간다.

글의 제목이 '변호사가 본 8·31 대책'이었던 것으로 기억하는데 '엘리트 또는 특권층이 본 8·31 대책'이 더 나을 성싶은 가운데 이 분들이 외국과는 달리 어려운 경쟁을 뚫고 얻은 자격에 대해서 만큼은 평가를 하는 것이다.

물론 8·31 대책에도 문제점은 있다고 보는데 그것은 '공급을 줄이는 공급증대' 정책이 장기에 걸쳐 긍정적 효과를 내기는 어려운 만큼 정부는 최단 시일 내에 분양원가 공개를 통한 공급증대를 통해서만이 이제까지의 규제책의 한계였던 수요드라마(우연의 일치겠으나 규제책은 수요일에 나오고 있다)적 효과를 극복할 수 있음을 알아야 할 것이다.

정부도 이제까지 충분히 번 만큼 분양원가 공개를 더 이상 미뤄서는 안 될 것이다.

이제는 공짜로 항고하지 못한다

부당한 피해를 구제하기 위해 도입된 항고제도가 채권자에게 부당한 피해를 주는 남용사례를 방지하기 위해 세입자이든 저당권자이든 낙찰대금의 10%를 공탁한 연후에만 항고할 수 있도록 하고있다.

왕순위 세입자가 없어졌다

대항력과 확정일자를 갖춘 선순위 세입자를 가리켜 왕순위 세입자라고 했는데 문제는 이들이 살던 집이 경매에 넘어가면 이를 내 집 마련의 기회로 삼기 위해 응찰하는 과정에서 경쟁자에게 밀려 낙찰을 못 받게 되면 배당신청을 철회하는 일이 드물지 않았다. 이제는 이런 행위가 불가능해졌다.

공매에서의 융통성이 경매에서도 통한다

과거에는 낙찰을 받은 후 법원에서 대금지금 기일을 지정해주면 지정된 기일에만 대금(잔금) 납부가 가능했으므로 일찍 잔금을 치르고 싶더라도 할 수 없었다.

이제는 법원에서 대금지금 기일이 정해지기만 하면 정해진 날짜 이전에라도 바로 대금을 납부하는 것이 가능하도록 했는데 법원경매에서는 경락대금의 완납과 함께 소유권의 취득과 행사가 가능하게 되므로 그만큼 낙찰자에게 유리해진 것이다.

부록

 부록1

개정 주택임대차보호법 · 시행령

■주택임대차보호법

법률제5641호 일부개정 1999. 01. 21.
법률제6541호 일부개정 2001. 12. 29.
법률제6627호(민사집행법) 일부개정 2002. 01. 26.

제1조(목적) 이 법은 주거용건물의 임대차에 관하여 민법에 대한 특례를 규정함으로써 국민의 주거생활의 안정을 보장함을 목적으로 한다.

제2조(적용범위) 이 법은 주거용건물(이하 "주택"이라 한다)의 전부 또는 일부의 임대차에 관하여 이를 적용한다. 그 임차주택의 일부가 주거외의 목적으로 사용되는 경우에도 또한 같다.

제3조(대항력 등)
① 임대차는 그 등기가 없는 경우에도 임차인이 주택의 인도

와 주민등록을 마친 때에는 그 익일부터 제3자에 대하여 효력이 생긴다. 이 경우 전입신고를 한 때에 주민등록이 된 것으로 본다.
② 임차주택의 양수인(기타 임대할 권리를 승계한 자를 포함한다)은 임대인의 지위를 승계한 것으로 본다.
③ 민법 제575조 제1항·제3항 및 제578조의 규정은 이 법에 의하여 임대차의 목적이 된 주택이 매매 또는 경매의 목적물이 된 경우에 이를 준용한다.
④ 민법 제536조의 규정은 제3항의 경우에 이를 준용한다.

제3조의2(보증금의 회수)
① 임차인이 임차주택에 대하여 보증금반환청구소송의 확정판결 기타 이에 준하는 채무명의에 기한 경매를 신청하는 경우에는 민사집행법 제41조의 규정에 불구하고 반대의무의 이행 또는 이행의 제공을 집행개시의 요건으로 하지 아니한다.
② 제3조 제1항의 대항요건과 임대차계약증서상의 확정일자를 갖춘 임차인은 민사집행법에 의한 경매 또는 국세징수법에 의한 공매시 임차주택(대지를 포함한다)의 환가대금에서 후순위 권리자 기타 채권자보다 우선하여 보증금을 변제받을 권리가 있다.
③ 임차인은 임차주택을 양수인에게 인도하지 아니하면 제2항의 규정에 의한 보증금을 수령할 수 없다.
④ 제2항의 규정에 의한 우선변제의 순위와 보증금에 대하여

이의가 있는 이해관계인은 경매법원 또는 체납처분청에 이의를 신청할 수 있다.
⑤ 민사집행법 제152조 내지 제161조의 규정은 제4항의 규정에 의하여 경매법원에 이의를 신청하는 경우에 이를 준용한다.
⑥ 제4항의 규정에 의하여 이의신청을 받은 체납처분청은 이해관계인이 이의신청일부터 7일 이내에 임차인을 상대로 소를 제기한 것을 증명한 때에는 당해 소송의 종결시까지 이의가 신청된 범위 안에서 임차인에 대한 보증금의 변제를 유보하고 잔여금액을 배분하여야 한다. 이 경우 유보된 보증금은 소송의 결과에 따라 배분한다.

제3조의3(임차권등기명령)
① 임대차가 종료된 후 보증금을 반환받지 못한 임차인은 임차주택의 소재지를 관할하는 지방법원·지방법원 지원 또는 시·군 법원에 임차권등기명령을 신청할 수 있다.
② 임차권등기명령의 신청에는 다음 각호의 사항을 기재하여야 하며, 신청의 이유 및 임차권등기의 원인이 된 사실은 이를 소명하여야 한다.
  1. 신청의 취지 및 이유
  2. 임대차의 목적인 주택(임대차의 목적이 주택의 일부분인 경우에는 그 도면을 첨부한다)
  3. 임차권등기의 원인이 된 사실(임차인이 제3조 제1항의 규정에 의한 대항력을 취득하였거나 제3조의2 제2항의

규정에 의한 우선변제권을 취득한 경우에는 그 사실)
　4. 기타 대법원규칙이 정하는 사항
③ 민사집행법 제280조제1항, 제281조, 제283조, 제285조, 제286조, 제288조제1항·제2항·제3항 전단, 제289조제1항 내지 제4항, 제290조제2항중 제288조제1항에 대한 부분, 제291조, 제293조의 규정은 임차권등기명령의 신청에 대한 재판, 임차권등기명령의 결정에 대한 임대인의 이의신청 및 그에 대한 재판, 임차권등기명령의 취소신청 및 그에 대한 재판 또는 임차권등기명령의 집행 등에 관하여 이를 준용한다. 이 경우 "가압류"는 "임차권등기"로, "채권자"는 "임차인"으로, "채무자"는 "임대인"으로 본다.
④ 임차권등기명령신청을 기각하는 결정에 대하여 임차인은 항고할 수 있다.
⑤ 임차권등기명령의 집행에 의한 임차권등기가 경료되면 임차인은 제3조 제1항의 규정에 의한 대항력 및 제3조의2 제2항의 규정에 의한 우선변제권을 취득한다. 다만, 임차인이 임차권등기 이전에 이미 대항력 또는 우선변제권을 취득한 경우에는 그 대항력 또는 우선변제권은 그대로 유지되며, 임차권등기 이후에는 제3조 제1항의 대항요건을 상실하더라도 이미 취득한 대항력 또는 우선변제권을 상실하지 아니한다.
⑥ 임차권등기명령의 집행에 의한 임차권등기가 경료된 주택(임대차의 목적이 주택의 일부분인 경우에는 해당 부분에 한한다)을 그 이후에 임차한 임차인은 제8조의 규정에 의한 우

선변제를 받을 권리가 없다.
⑦ 임차권등기의 촉탁, 등기공무원의 임차권등기 기입 등 임차권등기명령의 시행에 관하여 필요한 사항은 대법원규칙으로 정한다.
⑧ 임차인은 제1항의 규정에 의한 임차권등기명령의 신청 및 그에 따른 임차권등기와 관련하여 소요된 비용을 임대인에게 청구할 수 있다.

제3조의4(민법의 규정에 의한 주택임대차등기의 효력 등)
① 제3조의3 제5항 및 제6항의 규정은 민법 제621조의 규정에 의한 주택임대차등기의 효력에 관하여 이를 준용한다.
② 임차인이 대항력 또는 우선변제권을 갖추고 민법 제621조 제1항의 규정에 의하여 임대인의 협력을 얻어 임대차등기를 신청하는 경우에는 신청서에 부동산등기법 제156조에 규정된 사항 외에 다음 각호의 사항을 기재하여야 하며, 이를 증명할 수 있는 서면(임대차의 목적이 주택의 일부분인 경우에는 해당 부분의 도면을 포함한다)을 첨부하여야 한다.
  1. 주민등록을 마친 날
  2. 임차주택을 점유한 날
  3. 임대차계약서상의 확정일자를 받은 날

제3조의5(경매에 의한 임차권의 소멸)
임차권은 임차주택에 대하여 민사집행법에 의한 경매가 행하여진 경우에는 그 임차주택의 경락에 의하여 소멸한다. 다만, 보증금이 전액 변제되지 아니한 대항력이 있는 임차권은 그러하지 아니하다.

제4조(임대차기간 등)
① 기간의 정함이 없거나 기간을 2년 미만으로 정한 임대차는 그 기간을 2년으로 본다. 다만, 임차인은 2년 미만으로 정한 기간이 유효함을 주장할 수 있다.
② 임대차가 종료한 경우에도 임차인이 보증금을 반환받을 때까지는 임대차관계는 존속하는 것으로 본다.

제5조 삭제(89.12.30)

제6조(계약의 갱신)
① 임대인이 임대차기간 만료 전 6월부터 1월까지에 임차인에 대하여 갱신거절의 통지 또는 조건을 변경하지 아니하면 갱신하지 아니한다는 뜻의 통지를 하지 아니한 경우에는 그 기간이 만료된 때에 전임대차와 동일한 조건으로 다시 임대차한 것으로 본다. 임차인이 임대차기간 만료 전 1월까지 통지하지 아니한 때에도 또한 같다.
② 제1항의 경우 임대차의 존속기간은 정함이 없는 것으로 본다.
③ 2기의 차임액에 달하도록 차임을 연체하거나 기타 임차인

으로서의 의무를 현저히 위반한 임차인에 대하여는 제1항의 규정을 적용하지 아니한다.

제6조의2(묵시적 갱신의 경우의 계약의 해지)
① 제6조 제1항의 경우 임차인은 언제든지 임대인에 대하여 계약해지의 통지를 할 수 있다.
② 제1항의 규정에 의한 해지통지는 임대인이 그 통지를 받은 날부터 3월이 경과하면 그 효력이 발생한다.

제7조(차임 등의 증감청구권) 약정한 차임 또는 보증금이 임차주택에 관한 조세·공과금 기타 부담의 증감이나 경제사정의 변동으로 인하여 상당하지 아니하게 된 때에는 당사자는 장래에 대하여 그 증감을 청구할 수 있다. 그러나 증액의 경우에는 대통령령이 정하는 기준에 따른 비율을 초과하지 못한다.

제7조의2(월 차임 전환시 산정율의 제한) 보증금의 전부 또는 일부를 월 단위의 차임으로 전환하는 경우에는 그 전환되는 금액에 은행법에 의한 금융기관에서 적용하는 대출금리 및 당해 지역의 경제여건 등을 감안하여 대통령령이 정하는 비율을 곱한 월 차임의 범위를 초과할 수 없다.

제8조(보증금 중 일정액의 보호)
① 임차인은 보증금 중 일정액을 다른 담보물권자보다 우선하

여 변제받을 권리가 있다. 이 경우 임차인은 주택에 대한 경매신청의 등기전에 제3조 제1항의 요건을 갖추어야 한다.
② 제3조의2 제4항 내지 제6항의 규정은 제1항의 경우에 이를 준용한다.
③ 제1항의 규정에 의하여 우선변제를 받을 임차인 및 보증금 중 일정액의 범위와 기준은 주택가액(대지의 가액을 포함한다)의 2분의 1의 범위 안에서 대통령령으로 정한다.

제9조(주택의 임차권의 승계)
① 임차인이 상속권자 없이 사망한 경우에 그 주택에서 가정공동생활을 하던 사실상의 혼인관계에 있는 자는 임차인의 권리와 의무를 승계한다.
② 임차인이 사망한 경우에 사망 당시 상속권자가 그 주택에서 가정공동생활을 하고 있지 아니한 때에는 그 주택에서 가정공동생활을 하던 사실상의 혼인관계에 있는 자와 2촌 이내의 친족은 공동으로 임차인의 권리와 의무를 승계한다.
③ 제1항 및 제2항의 경우에 임차인이 사망한 후 1월 이내에 임대인에 대하여 반대 의사를 표시한 때에는 그러지 아니하다.
④ 제1항 및 제2항의 경우에 임대차관계에서 생긴 채권, 채무는 임차인의 권리 의무를 승계한 자에게 귀속한다.
제10조(강행규정) 이 법의 규정에 위반된 약정으로서 임차인에게 불리한 것은 그 효력이 없다.
제11조(일시사용을 위한 임대차) 이 법은 일시사용을 위한 임

대차임이 명백한 경우에는 이를 적용하지 아니한다.

제12조(미등기전세에의 준용) 이 법은 주택의 등기하지 아니한 전세계약에 관하여 이를 준용한다. 이 경우 "전세금"은 "임대차의 보증금"으로 본다.

제13조(소액사건심판법의 준용) 소액사건심판법 제6조·제7조·제10조 및 제11조2의 규정은 임차인이 임대인에 대하여 제기하는 보증금반환청구소송에 관하여 이를 준용한다.

부칙
① (시행일) 이 법은 공포한 날로부터 시행한다.
② (경과조치) 이 법은 이 법 시행 후 체결되거나 갱신된 임대차에 이를 적용한다. 다만, 제3조의 규정은 이 법 시행 당시 존속중인 임대차에 대하여도 이를 적용하되 이 법 시행 전에 물권을 취득한 제3자에 대하여는 그 효력이 없다.

부칙(1999.1.21)
① (시행일) 이 법은 1999년 3월 1일부터 시행한다.
② (존속중인 임대차에 관한 경과조치) 이 법은 특별한 규정이 있는 경우를 제외하고는 이 법 시행 당시 존속중인 임대차에 대하여도 이를 적용한다.
③ (임대차등기에 관한 경과조치) 제3조4의 개정규정은 이 법

시행 전에 이미 경료된 임대차등기에 대하여는 이를 적용하지 아니한다.

부칙(2001.12.29)
이 법은 공포 후 6월이 경과한 날부터 시행한다.

부칙(2002.1.26. 법률 제6627호)
제1조(시행일) 이 법은 2002년 7월 1일부터 시행한다.
제2조 내지 제7조 생략

■주택임대차보호법시행령

대통령령 제14785호 일부개정 1995. 10. 19.
대통령령 제17360호 일부개정 2001. 09. 15.
대통령령 제17627호 일부개정 2002. 06. 19.

제1조(목적) 이 영은 주택임대차보호법(이하 "법"이라 한다)에서 위임된 사항과 그 시행에 관하여 필요한 사항을 정함을 목적으로 한다.

제2조(차임 등 증액청구의 기준 등)
① 법 제7조의 규정에 의한 차임 또는 보증금(이하 "차임등"이

라 한다)의 증액청구는 약정한 차임 등의 20분의 1의 금액을 초과하지 못한다.
② 제1항의 규정에 의한 증액청구는 임대차계약 또는 약정한 차임 등의 증액이 있은 후 1년 이내에는 이를 하지 못한다.

제2조의 2(월차임 전환시 산정율)
① 법 제7조의 2에서 "대통령령이 정하는 비율"이라함은 연 1할 4푼을 말한다.

제3조(보증금 중 일정액의 범위 등)
① 법 제8조의 규정에 의한 보증금 중 일정액의 범위를 수도권 중 과밀억제권역은 1,600만원 이하, 광역시는 1,400만원 이하, 그 밖의 지역은 1,200만원 이하로 한다.
② 임차인의 보증금 중 일정액이 주택의 가액의 2분의 1을 초과하는 경우에는 주택의 가액의 2분의 1에 해당하는 금액에 한하여 우선변제권이 있다.
③ 하나의 주택에 임차인이 2인 이상이고, 그 각 보증금 중 일정액의 합산액이 주택의 가액의 2분의 1을 초과하는 경우에는 그 각 보증금 중 일정액의 합산액에 대한 각 임차인의 보증금 중 일정액의 비율로 그 주택의 가액의 2분의 1에 해당하는 금액을 분할한 금액을 각 임차인의 보증금 중 일정액으로 본다.
④ 하나의 주택에 임차인이 2인 이상이고 이들이 그 주택에서 가정공동생활을 하는 경우에는 이들을 1인의 임차인으로 보아

이들의 각 보증금을 합산한다.

제4조(우선변제를 받을 임차인의 범위) 법 제8조의 규정에 의하여 우선변제를 받을 임차인은 보증금이 다음 각호의 구분에 의한 금액 이하인 임차인으로 한다.
  1. 수도권정비계획법에 의한 수도권중 과밀억제권역 : 4천만원
  2. 광역시(군지역과 인천광역시지역을 제외한다) : 3천500만원
  3. 그밖의 지역 : 3천만원

부칙(2001.9.15)
① (시행일) 이 영은 공포한 날부터 시행한다.
② (경과조치) 이 영 시행 전에 임차주택에 대하여 담보물권을 취득한 자에 대하여는 종전의 규정에 의한다.

부칙(2002.6.19)
이 영은 2002년 6월 30일부터 시행한다.

* 주의 : 인천광역시는 수도권의 과밀억제권역에 해당되므로 보증금 4,000만원 이하의 임차인도 소액임차인이다.

 부록2

자주 쓰는 법원경매 관련 서식

　법원에 제출하는 서식은 특별하게 정해진 표준양식이 있는 것은 아니다. 대개 A4용지에 필요한 내용을 관행상의 형식에 맞춰서 워드작업을 하여 제출하는 게 보통이다.

　법원 주변에서 간단한 서류 하나 작성하는 데도 보통 7만원 이상 들어간다. 이 가격도 옛날에 비하면 많이 싸진 것이다. 따라서 여기에 소개되는 각종 서식들을 잘 활용하면 비용을 절약할 수 있을 것이다.

　단, 법률해석이 필요하다거나 분쟁의 소지가 있을 경우에는 예외로 하여야 할 것이다. 자칫하면 나중에 '호미로 막을 것을 가래로 막는 격'이 될 수 있다.

부동산 임의경매 신청서

수입인지
5,000원

채 권 자 성명 :
　　　　　주소 :

채 무 자 성명 :
　　　　　주소 :

청구금액 : 원금　　　　원 및 이에 대한　　　년　월　일부터 다 갚을 때까지 연　　% 비율에 의한 금원
경매할 부동산의 표시 : 별지 목록 기재와 같음

담보권과 피담보채권의 표시

채무자는 채권자에게　　　년 월 일 금　　　원을, 이자는 연　%, 변제기일　년 월 일로 정하여 대여하였고, 위 채무의 담보로 별지목록기재 부동산에 대하여　　지방법원　등기 접수 제　호로서 근저당권설정등기를 마쳤는데, 채무자는 변제기가 경과하여도 아직까지 변제하지 아니하므로 위 청구금액의 변제에 충당하기 위하여 위 부동산에 대하여 담보권실행을 위한 경매절차를 개시하여 주시기 바랍니다.

첨부서류

1. 부동산등기부등본　　　　　　　　　　　　　　　1통
2. 근저당권설정계약서(채권증서 또는 원인증서 포함)사본　1통

　　　　　　　　　년　　　월　　　일

위 채권자　　　　　　　　(인)

연락처(☎)

지방법원　　　　귀중

부동산 강제경매 신청서

수입인지
5,000원

채 권 자 성명 :
　　　　　 주소 :

채 무 자 성명 :
　　　　　 주소 :

청구금액 : 원금　　　　원 및 이에 대한　　　년　월　일부터 다
　　　　　갚을 때까지 연　　% 비율에 의한 금원
경매할 부동산의 표시 : 별지 목록 기재와 같음

　　　　　　경매의 원인된 채권과 집행할 수 있는 채무명의
　채무자는 채권자에게　　　　　법원　　　가
청구사건의 200 년　월　일 선고한 판결(또는　　공증인　　작성
호 공정증서)의 집행력 있는 정본에 기하여 위 청구금액을 변제하여야
할 것이나 이를 이행하지 아니하므로 위 부동산에 대한 강제경매 절차
를 개시하여 주시기 바랍니다.

　　　　　　　　　　　　첨부서류
　　　　　1. 집행력있는 정본　　　　　　　1통
　　　　　2. 송달증명서　　　　　　　　　1통
　　　　　3. 부동산등기부등본　　　　　　1통

　　　　　　　　　년　　　월　　　일
　　　　　위 채권자　　　　　　　　(인)
　　　　　연락처(☎)

　　　　지방법원　　　　　　귀중

권리신고 겸 배당요구신청서

사건번호　　타경　부동산강제(임의)경매
채 권 자
채 무 자
소 유 자

본인은 이 사건 경매절차에서 임대보증금을 우선변제받기 위하여 아래와 같이 권리신고 겸 배당요구를 하오니 매각대금에서 우선배당을 하여 주시기 바랍니다.

아　래

1. 계 약 일 :　．．．
2. 계약당사자 : 임대인(소유자) ○　○　○
　　　　　　　　임 차 인 ○　○　○
3. 임대차기간 :　．．．부터　．．．까지(년 간)
4. 임대보증금 : 전세　　　　　　원
　　　　　　　보증금　　　　원에 월세
5. 임차 부분 : 전부(방　칸), 일부(　층 방　칸)
　(※ 뒷면에 임차부분을 특정한 내부구조도를 그려주시기 바랍니다)
6. 주택인도일(입주한 날) :　．．．
7. 주민등록전입신고일 :　．．．
8. 확 정 일 자 유무 : □ 유(　．．．), □ 무
9. 전세권(주택임차권)등기 유무 : □ 유(　．．．), □ 무

첨부서류

　1. 임대차계약서 사본　　　　　　1통
　2. 주민등록등본　　　　　　　　1통

년　　월　　일

　　　권리신고 겸 배당요구자　　　(인)
　　　연락처(☎)

　　　지방법원　　　　귀중

채 권 계 산 서

사건번호 :
채 권 자 :
채 무 자 :

위 사건에 관하여 배당요구채권자 ○ ○ ○는 아래와 같이 채권계산서를 제출합니다.

년   월   일

위 채권자   (인)

연락처(☎)

지방법원   귀중

아   래

1. 원금   원정
   (단   년 ○ 월 ○ 일자 대여금)
1. 이자   원정
   (단   년 ○ 월 ○ 일부터   년 ○ 월 ○ 일까지의 연 ○푼의 이율에 의한 이자금)
1. 기타(집행비용 등 필요할 경우 기재)
합계 금   원정

☞ 유의사항
1) 집행법원의 제출최고에 의하여 제출하는 채권계산서에는 ①채권의 원금, ②이자, ③비용, ④기타 부대채권을 기재합니다.
2) 인지는 붙이지 않고 1통을 제출합니다.

배당요구신청

사건번호
채 권 자
채 무 자
배당요구채권자
　　　○시 ○구 ○동 ○번지
배당요구채권
1. 금　　　　원정
　　○ ○ 법원　가단(합) ○ ○ 호　 ○ ○청구사건의 집행력 있는 판결정본에 기한 채권 금　　　　원의 변제금
1. 위 원금에 대한　년 ○ 월 ○ 일 이후 완제일까지 연 ○ 푼의 지연손해금

　　　　　　　　　　신청원인
위 채권자 채무자 간의 귀원　　타경 ○ ○ 호 부동산강제경매사건에 관하여 채권자는 채무자에 대하여 전기 집행력 있는 정본에 기한 채권을 가지고 있으므로 위 매각대금에 관하여 배당요구를 합니다.

　　　　　　　　년　　　월　　　일
　　　위 배당요구채권자　　　　　(인)
　　　연락처(☎)

　　　　　　　지방법원　　　　귀중

☞ **유의사항**
실체법상 우선변제청구권이 있는 채권자, 집행력 있는 정본을 가진 채권자 및 경매신청의 등기 후 가압류한 채권자는 배당요구종기일까지 배당요구할 수 있으며, 배당요구는 채권의 원인과 수액을 기재한 서면으로 하여야 합니다.

[전산양식 A3360] 기일입찰표(흰색)　　　　용지규격 210mm×297mm(A4용지)

(앞면)

기 일 입 찰 표

지방법원 집행관 귀하　　　　입찰기일 :　　년　　월　　일

사건번호	타 경　　　　호	물건번호	※물건번호가 여러개 있는 경우에는 꼭 기재

입찰자	본인	성 명		전화번호	
		주민(사업자)등록번호		법인등록번호	
		주 소			
	대리인	성 명		본인과의 관계	
		주민등록번호		전화번호	
		주 소			

| 입찰가격 | 천억 | 백억 | 십억 | 억 | 천만 | 백만 | 십만 | 만 | 천 | 백 | 십 | 일 | 원 | 보증금액 | 백억 | 십억 | 억 | 천만 | 백만 | 십만 | 만 | 천 | 백 | 십 | 일 | 원 |

보증의 제공방법　　□ 현금·자기앞수표
　　　　　　　　　□ 보증서

보증을 반환 받았습니다.

　　　　　　　　　　　　　　　　　　입찰자

주의사항
1. 입찰표는 물건마다 별도의 용지를 사용하십시오, 다만, 일괄입찰시에는 1매의 용지를 사용하십시오.
2. 한 사건에서 입찰물건이 여러개 있고 그 물건들이 개별적으로 입찰에 부쳐진 경우에는 사건번호외에 물건번호를 기재하십시오.
3. 입찰자가 법인인 경우에는 본인의 성명란에 법인의 명칭과 대표자의 지위 및 성명을, 주민등록란에는 입찰자가 개인인 경우에는 주민등록번호를, 법인인 경우에는 사업자등록번호를 기재하고, 대표자의 자격을 증명하는 서면(법인의 등기부 등?초본)을 제출하여야 합니다.
4. 주소는 주민등록상의 주소를, 법인은 등기부상의 본점소재지를 기재하시고, 신분확인상 필요하오니 주민등록증을 꼭 지참하십시오.
5. **입찰가격은 수정할 수 없으므로, 수정을 요하는 때에는 새 용지를 사용하십시오.**
6. 대리인이 입찰하는 때에는 입찰자란에 본인과 대리인의 인적사항 및 본인과의 관계 등을 모두 기재하는 외에 본인의 위임장(입찰표 뒷면을 사용)과 인감증명을 제출하십시오.
7. 위임장, 인감증명 및 자격증명서는 이 입찰표에 첨부하십시오.
8. 일단 제출된 입찰표는 취소, 변경이나 교환이 불가능합니다.
9. 공동으로 입찰하는 경우에는 공동입찰신고서를 입찰표와 함께 제출하되, 입찰표의 본인란에는 "별첨 공동입찰자목록 기재와 같음"이라고 기재한 다음, 입찰표와 공동입찰신고서 사이에는 공동입찰자 전원이 간인 하십시오.
10. 입찰자 본인 또는 대리인 누구나 보증을 반환 받을 수 있습니다.
11. 보증의 제공방법(현금?자기앞수표 또는 보증서)중 하나를 선택하여 ☑표를 기재하십시오.

[전산양식 A3392] 기간입찰표(연두색)   용지규격 210mm×297mm(A4용지)

(앞면)

기 간 입 찰 표

지방법원 집행관 귀하   매각(개찰)기일 :   년   월   일

| 사건번호 | 타경 | 호 | 물건번호 | ※물건번호가 여러개 있는 경우에는 꼭 기재 |

입찰자	본인	성 명		전화번호	
		주민(사업자)등록번호		법인등록번호	
		주 소			
	대리인	성 명		본인과의 관계	
		주민등록번호		전화번호	-
		주 소			

| 입찰가격 | 천억 | 백억 | 십억 | 억 | 천만 | 백만 | 십만 | 만 | 천 | 백 | 십 | 일 | 원 | 보증금액 | 백억 | 십억 | 억 | 천만 | 백만 | 십만 | 만 | 천 | 백 | 십 | 일 | 원 |

보증의 제공방법 □ 입금증명서 □ 보증서

보증을 반환 받았습니다.
입찰자

주의사항
1. 입찰표는 물건마다 별도의 용지를 사용하십시오. 다만, 일괄입찰시에는 1매의 용지를 사용하십시오.
2. 한 사건에서 입찰물건이 여러개 있고 그 물건들이 개별적으로 입찰에 부쳐진 경우에는 사건번호외에 물건번호를 기재하십시오.
3. 입찰자가 법인인 경우에는 본인의 성명란에 법인의 명칭과 대표자의 지위 및 성명을, 주민등록란에는 입찰자가 개인인 경우에는 주민등록번호를, 법인인 경우에는 사업자등록번호를 기재하고, 대표자의 자격을 증명하는 서면(법인의 등기부 등·초본)을 제출하여야 합니다.
4. 주소는 주민등록상의 주소를, 법인은 등기부상의 본점소재지를 기재하시고, 신분확인상 필요하오니 주민등록등본이나 법인등기부등본을 동봉하십시오.
5. 입찰가격은 수정할 수 없으므로, 수정을 요하는 때에는 새 용지를 사용하십시오.
6. 대리인이 입찰하는 때에는 입찰자란에 본인과 대리인의 인적사항 및 본인과의 관계 등을 모두 기재하는 외에 본인의 위임장(입찰표 뒷면을 사용)과 인감증명을 제출하십시오.
7. 위임장, 인감증명 및 자격증명서는 이 입찰표에 첨부하십시오.
8. 입찰함에 투입된 후에는 입찰표의 취소, 변경이나 교환이 불가능합니다.
9. 공동으로 입찰하는 경우에는 공동입찰신고서를 입찰표와 함께 제출하되, 입찰표의 본인란에는 "별첨 공동입찰자목록 기재와 같음"이라고 기재한 다음, 입찰표와 공동입찰신고서 사이에는 공동입찰자 전원이 간인하십시오.
10. 입찰자 본인 또는 대리인 누구나 보증을 반환 받을 수 있습니다(입금증명서에 의한 보증은 예금계좌로 반환됩니다).
11. 보증의 제공방법(입금증명서 또는 보증서)중 하나를 선택하여 ☑표를 기재 하십시요.

(뒷면)

위 임 장

대리인	성 명		직업	
	주민등록번호	-	전화번호	
	주 소			

위 사람을 대리인으로 정하고 다음 사항을 위임함.

다 음

지방법원   타경   호 부동산

경매사건에 관한 입찰행위 일체

본인1	성 명	(인감인)	직 업	
	주민등록번호	-	전 화 번 호	
	주 소			
본인2	성 명	(인감인)	직 업	
	주민등록번호	-	전 화 번 호	
	주 소			
본인3	성 명	(인감인)	직 업	
	주민등록번호	-	전 화 번 호	
	주 소			

- 본인의 인감 증명서 첨부
- 본인이 법인인 경우에는 주민등록번호란에 사업자등록번호를 기재

지방법원   귀중

공동입찰신고서

법원 집행관   귀하

사 건 번 호   20   타경   호
물 건 번 호
공동입찰자   별지 목록과 같음

위 사건에 관하여 공동입찰을 신고합니다.

20 년   월   일

신청인   외   인(별지목록 기재와 같음)

1. 공동입찰을 하는 때에는 <u>입찰표에 각자의 지분을 분명하게 표시하여야 합니다.</u>
2. 별지 공동입찰자 목록과 사이에 <u>공동입찰자 전원이 간인</u>하십시오.

공동입찰자 목록

번 호	성 명	주 소		지 분
		주민등록번호	전화번호	
	㊞			
	㊞			
	㊞			
	㊞			
	㊞			
	㊞			
	㊞			

항고장

사 건   타경   호 부동산임의(강제)경매

항고인(채무자) ○ ○ ○

주 소

위 사건에 관하여 귀원이   년   월   일에 한 결정은   년   월   일에 그 송달을 받았으나, 전부 불복이므로 항고를 제기합니다.
원결정의 표시

항고취지
원결정을 취소하고 다시 상당한 재판을 구함.

항고이유
첨부서류
1.   ㊞
2.

            년   월   일

   위 항고인   (인)
   연락처(☎)

        지방법원   귀중

매각 대금 납입 신청서

사건번호   타경   호
채 권 자
채 무 자
소 유 자
매 수 인

위 사건에 관하여 매수인은   년 월 일에 대금지급기일 지정을 받았으나 사정에 의하여 지정일에 납입하지 못하였으므로 다음과 같이 매수잔대금, 지연이자 및 진행된 경매절차의 비용을 합산하여 대급납입을 신청합니다.

매수금액 :
보 증 금 :
잔 대 금 :
지연이자 : (잔대금×경과일수/365×25%)

년   월   일

매수인   (인)

연락처(☎)

지방법원   귀중

경매취하서

사건번호　　타경　　호
채 권 자
채 무 자

위 사건의 채권자는 채무자로부터 채권전액을 변제(또는 합의가 되었으므로)받았으므로 별지목록기재 부동산에 대한 경매신청을 취하합니다.

첨부서류
1. 취하서부본(소유자와 같은 수)　　　　　　　1통
2. 등록세 영수필확인서(경매기입등기말소등기용)　1통

년　　월　　일

채권자　　　　　　　　　(인)

연락처(☎)

지방법원　　　귀중

(최고가 매수신고인 또는 낙찰인의 동의를 표시하는 경우)
위 경매신청취하에 동의함.

년　　월　　일

위 동의자(최고가 매수신고인 또는 낙찰인)　　(인)

연락처(☎)

경매취하동의서

사건번호
채 권 자
채 무 자
소 유 자

위 사건에 관하여 매수인은 채권자가 위 경매신청을 취하하는데 대하여 동의합니다.

첨부서류

1. 매수인 인감증명   1통

년   월   일

매수인   (인)
연락처(☎)

지방법원   귀중

부동산인도명령 신청

사건번호

신청인(매수인)

    ○시 ○구 ○동 ○번지

피신청인(임차인)

    ○시 ○구 ○동 ○번지

위 사건에 관하여 매수인은   . . . 에 낙찰대금을 완납한 후 채무자(소유자, 부동산점유자)에게 별지 매수부동산의 인도를 청구하였으나 채무자가 불응하고 있으므로, 귀원 소속 집행관으로 하여금 채무자의 위 부동산에 대한 점유를 풀고 이를 매수인에게 인도하도록 하는 명령을 발령하여 주시기 바랍니다.

            년   월   일

      매수인   (인)

      연락처(☎)

      지방법원   귀중

☞ **유의사항**

1) 낙찰인은 대금완납 후 6개월내에 채무자, 소유자 또는 부동산 점유자에 대하여 부동산을 매수인에게 인도할 것을 법원에 신청할 수 있습니다.
2) 신청서에는 1,000원의 인지를 붙이고 1통을 집행법원에 제출하며 인도명령 정본 송달료(2회분)를 납부하셔야 합니다.

명도확인서

사건번호 :

이　름 :
주　소 :

　위 사건에서 위 임차인은 임차보증금에 따른 배당금을 받기 위해 매수인에게 목적부동산을 명도하였음을 확인합니다.
　첨부서류 : 매수인 명도확인용 인감증명서 1통

년　　　월　　　일
매수인　　　　　　　　　(인)
연락처(☎)

지방법원　　　　귀중

☞ **유의사항**
1) 주소는 경매기록에 기재된 주소와 같아야 하며, 이는 주민등록상 주소이어야 합니다.
2) 임차인이 배당금을 찾기전에 이사를 하기 어려운 실정이므로, 매수인과 임차인간에 이사날짜를 미리 정하고 이를 신뢰할 수 있다면 임차인이 이사하기 전에 매수인은 명도확인서를 해줄 수도 있습니다.

경매개시 결정에 대한 이의신청

신청인(채무자)
- 주　　소 -
피신청인(채권자)
- 주　　소 -

위 당사자간 귀원 ＿＿＿ 타경 ＿＿＿＿ 호 부동산 임의경매사건에 관하여 귀원이 ＿＿ 년 ＿＿ 월 ＿＿ 일자 결정한 경매개시 결정에 대하여 다음과 같이 이의신청합니다.

신 청 취 지
귀원 ＿＿ 년 ＿＿ 월 ＿＿ 일자 동 부동산에 대한 경매개시 결정을 취소한다.
위 경매신청은 이를 기각한다.

신 청 이 유
1. 신청인 동 부동산에 채권최고금액 ＿＿＿원의 근저당설정계약을 피신청인과 체결한 이후 채무불이행으로 인하여 피신청인이 경매를 신청하여 ＿＿년 ＿＿월 ＿＿일자 경매개시 결정된 이래 경매절차 진행으로 ＿＿년 ＿＿월 ＿＿일자 경락허가 결정된 사실은 인정함.
2. 신청인은 피신청인에게 원금 ＿＿＿＿＿ 원에 지연이자 ＿＿＿＿＿＿ 원 및 경매비용 ＿＿＿＿ 원을 모두 변제하고 피신청인은 위 경매신청을 취하하였음.
3. 그러나 경락인이 위 경매취하에 동의하지 않으므로 본 이의신청으로 신청취지와 같은 재판을 구함.

첨부서류 : 경매취하서 1통
　　　　　변제증서 1통

　　　　　　　　　　　　　　　　　　　년　　월　　일
　　　　　　　　　　　　　　위 신청인　　　　　　(인)
　　　　　　　　　　　　　　○ ○ 법원 귀중

※ 경매취하서에는 경매신청 채권자의 인감증명이 따라야 한다.

입찰보증금 반환 청구 신청서

채권자 :

채무자 :

위 당사자간의 귀원 ____ 타경 ____ 호 부동산 경매사건에 관하여 ____ 년 ____ 월 ____ 일 입찰기일에 있어 신청인은 최고가매수신고인으로서 경락대금의 10분의 1에 해당하는 입찰보증금 _____ 원을 납부하였던 바 ____ 년 ____ 월 ____ 일 낙찰이 취하되었으므로 입찰보증금을 반환하여 주실 것을 신청합니다.

년   월   일

위 신청인 :   (인)

○○법원(○○지원) 귀중

※ 경매가 깨진 경우 차순위 신고인은 경락인이 대금을 납부한 경우에 입찰보증금을 반환받기 위해 신청한다.

불 거 주 확 인 서

주 소 :
성 명 :

상기인은 위 주소지에 주민등록만 등재되어 있고 현재 거주하고 있지는 않음을 확인함.

년   월   일

확인인 : 서울 ○○구 ○○동

○○○통장 (또는 반장)   (인)

※ 송달과 관련하여 주로 사용되며, 통장이나 반장의 확인을 받는다. 「공시송달 신청」 양식과 같이 참고하기 바란다.

야간 특별송달 허가 신청

사건명 · 사건번호

원고(신청인) :

피고(피신청인) :

　위 당사자간 귀원 _____ 사건에 관하여 귀원이 서류를 송달하였으나 피고가 주간에는 항시 부재중이어서 송달할 수 없으니 귀원 소속 집행관으로 하여금 야간에 송달할 수 있도록 허가하여 주시기 바랍니다.

첨부서류

1. 주민등록등본 1통

년　월　일

원고(신청인) :　　　　(인)

○○법원(○○지원) 귀중

공 시 송 달 신 청

원고(신청인) :

피고(피신청인) :

　　위 당사자간 귀원 _____ 사건에 관하여 피고는 주민등록상 주소지에 사실상 거주하고 있지 않으며, 기타의 거소 또는 송달하여야 할 장소를 알지 못하여 통상의 방법으로는 서류 등의 송달이 되지 않으므로 공시송달방법에 의한 송달을 허가하여 주시기 바랍니다.

첨부서류
1. 주민등록등본　　　　　　1통
1. 불거주확인서　　　　　　1통

년　월　일

위 원고(신청인) :　　　(인)

○○법원(○○지원) 귀중

공유자 우선매수신고서

사　건　　20○○타경○○○○○ 부동산강제(임의)경매
채권자
채무자 (소유자)
공유자
■ 매각기일　20○○. ○. ○. ○○:○○
부동산의 표시 : 별지와 같음

　공유자는 민사집행법 제140조 제1항의 규정에 의하여 매각기일까지 (집행관이 민사집행법 제115조 제1항에 따라 최고가매수신고인의 성명과 가격을 부르고 매각기일을 종결한다고 고지하기 전까지) **민사집행법 제113조에 따른 매수신청보증을 제공하고** 최고매수신고가격과 같은 가격으로 채무자의 지분을 우선매수하겠다는 신고를 합니다.

첨부서류
1. 공유자의 주민등록표 등본 또는 초본　1통
2. 기타(　　　　　　　　)

200　.　.　.

우선매수신고인(공유자)　　　　㊞

연락처(☎)　·

○○지방법원 경매○계 귀중

매각대금완납증명원

|수입인지|
|5,00원|

사건번호   타경   호
채 권 자
채 무 자
소 유 자

위 사건의 별지목록기재 부동산을 금   원에 낙찰받아   . . .   에
그 대금전액을 납부하였음을 증명하여 주시기 바랍니다.

          년   월   일
    매수인   (인)
    연락처(☎)

        지방법원   귀중

☞ 유의사항
1) 매각부동산 목록을 첨부합니다.
2) 2부를 작성합니다(원본에 500원 인지를 붙임).

임대주택법에 따른 임차인 우선매수신고서

사　건　20○○타경○○○○○ 부동산강제(임의)경매
채권자
채무자 (소유자)
■ 매각기일　20○○. ○. ○. ○○:○○
부동산의 표시 : 별지와 같음

　임차인은 임대주택법 제15조의2 제1항의 규정에 의하여 매각기일까지(집행관이 민사집행법 제115조 제1항에 따라 최고가매수신고인의 성명과 가격을 부르고 매각기일을 종결한다고 고지하기 전까지) 민사집행법 제113조에 따른 매수신청보증을 제공하고 최고매수신고가격과 같은 가격으로 채무자인 임대사업자의 임대주택을 우선매수하겠다는 신고를 합니다.

첨부서류
1. 임차인의 주민등록표 등본 또는 초본　　1통
2. 기타(　　　　　　　　　)

200 . . .

우선매수신고인(임차인)　　　 ㅁㅁ
연락처(☎)

○○지방법원 경매○계 귀중

매각기일 변경/연기 신청서

사건번호   타경   호
채 권 자
채 무 자

위 사건에 관하여   . . . : 로 매각기일이 지정되었음을 통지받았는
바   사정으로 그 변경(연기)을 요청하오니 조치하여
주시기 바랍니다.

                  년   월   일

           채권자   (인)
           연락처(☎)

              지방법원   귀중

채권상계신청서

사건번호   타경   호
채 권 자
채 무 자

위 사건에 관하여 매수인이 납부할 매각대금을 민사집행법 제143조 제2항에 의하여 매수인이 채권자로서 배당받을 금액한도로 상계하여 주시기 바랍니다.

　　　　　　　　　년　　　　월　　　　일
　　　　매수인 겸 채권자　　　　　　(인)
　　　　연락처(☎)

　　　　　　지방법원　　　　　귀중

☞ 유의사항
1) 채권자가 매수인인 경우에 그 채권의 배당액이 매입대금을 지급함에 충분한 때에는 매입대금의 상계로 채권이 소멸될 수 있습니다.
2) 이미 배당기일이 정해져 있는 경우에는 상계신청으로 인하여 배당기일은 새로 지정될 수 있습니다.

 부록3

전국 경매법원 안내

법원 및 지원	전화번호	소재지
서울 본원	02)530-1813	서울 서초구 서초동 1701-1
남부 지원	02)2192-1311	서울 양천구 신정1동 313-1
동부 지원	02)2204-2401	서울 광진구 자양2동 680-22
서부 지원	02)3271-1310	서울 마포구 공덕동 105-1
북부 지원	02)3399-7313	서울 노원구 공릉동 622
의정부 지원	031)828-0302	경기 의정부시 가능동 364
인천 본원	032)860-1651	인천 남구 주안6동 983
부천 지원	032)320-1116	부천 원미구 상동 445-1
수원 본원	031)210-1274	수원 영통구 원천동 80
성남 지원	031)737-1320	성남 수정구 단대동 75
여주 지원	031)880-7531	경기 여주군 여주읍 홍문리 146-3
평택 지원	031)650-3176	경기 평택시 동삭동 152-3
안산 지원	031)481-1193	경기 안산시 고잔동 711
춘천 본원	033)259-9706	강원 춘천시 효자2동 356
원주 지원	033)735-4910	강원 원주시 학성동 1008-91
강릉 지원	033)640-1130	강릉시 난곡동 117-1
속초 지원	033)638-7659	강원 속초시 동명동 300
영월 지원	033)371-1118	강원 영월군 영월읍 영흥리 876
청주 본원	043)299-7091	청주시 흥덕구 수곡동 93-1
제천 지원	043)643-2006	제천시 중앙로 2가 16-2
영동 지원	043)742-3703	충북 영동군 영동읍 계산리 681-4
충주 지원	043)841-9121	충주시 교현동 720-2
대전 본원	042)470-1801	대전 서구 둔산1동 1390
천안 지원	041)620-3078	충남 천안시 신부동 72-16

법원 및 지원	전화번호	소재지
홍성 지원	041)634-6700	충남 홍성군 홍성읍 오관리 108
공주 지원	041)856-2948	충남 공주시 반죽동 332
서산 지원	041)667-3433	서산시 예천동 600
논산 지원	041)745-6544	충남 논산시 강경읍 대흥동 46-1
대구 본원	053)757-6521	대구 수성구 범어동 176-2
김천 지원	054)420-2181	김천시 삼락동 1224
안동 지원	054)850-5080	안동시 정하동 235-1
상주 지원	054)533-1503	상주시 만산동 652-2
경주 지원	054)770-4360	경주시 동부동 203
영덕 지원	054)733-3311	경북 영덕군 영덕읍 남석동 311-2
의성 지원	054)833-1279	경북 의성군 의성읍 중리동 748-7
포항 지원	054)250-3216	포항시 북구 양덕동 산 97-1
부산 본원	051)590-1824	부산 연제구 거제동 1500
동부산 지원	051)780-1244	부산 해운대구 재송동 1133
울산 지원	052)228-8253	울산 남구 옥동 635-3
창원 본원	055)239-2130	창원시 사파동 1
진주 지원	055)760-3276	진주시 상대동 295-4
거창 지원	055)944-1287	경남 거창군 거창읍 중앙리 433
통영 지원	055)640-8501	통영시 용남면 동달리 857
밀양 지원	055)360-2530	밀양시 내이동 428번지
광주 본원	062)239-1607	광주 동구 지산2동 342-1
순천 지원	061)729-5321	순천시 왕지동 777-1
목포 지원	061)270-6661	전남 목포시 용해동 816-6
장흥 지원	061)863-0689	전남 장흥군 장흥읍 남동리 88
해남 지원	061)532-1882	전남 해남군 해남읍 구교리 391
전주 본원	063)259-5510	전주 덕진구 덕진동 1가 1461-1
남원 지원	063)625-1882	전북 남원시 동충동 141
정읍지원	063)535-1514	정읍시 수성동 610
군산 지원	063)450-5161	군산시 조촌동 880
제주 본원	064)729-2000	제주시 이도2동 950-1

 **부록4 부동산경매 관련 인터넷 사이트**

인터넷 주소	서비스명	주요 내용
www.courtauction.go.kr	대법원 법원경매정보	부동산경매 사이트
www.channel24.co.kr	법원경매부동산채널	부동산경매 사이트
www.hkauction.co.kr	한국경매	부동산경매 사이트
www.ggi.co.kr	지지옥션	부동산경매 사이트
www.koreaab.com	경매뱅크 부동산경매	부동산경매 사이트
www.alaw119.com	경매LAW119부동산경매	부동산경매 사이트
www.dsauction.com	법원경매 디에스옥션	부동산경매 사이트
www.koreaab.com	경매뱅크	부동산경매 사이트
www.dsauction.com	디에스옥션 법원경매	부동산경매 사이트
www.landschool.com	부동산경매 랜드스쿨	부동산경매 사이트
www.goodauction.co.kr	법원경매정보 굿옥션	부동산경매 사이트
www.yhland.com	법원경매정보 YH랜드	부동산경매 사이트
www.ret.co.kr	부동산테크	한국감정원 부동산 종합정보 사이트
www.estate.mk.co.kr	부동산센터	매일경제신문 부동산 종합정보 사이트
www.estate.donga.com	동아닷컴부동산	동아일보 부동산 종합정보 사이트
www.housing.or.kr	한국주택협회	종합 부동산 정보 제공
www.khba.or.kr	주택건설사업협회	종합 부동산 정보 제공
www.homevisor.com	한국토지신탁	종합 부동산 정보 제공
www.koland.co.kr	한국토지공사	분양안내, 부동산 정보
www.r114.co.kr	부동산114	부동산 종합정보 사이트
mem.narainternet.co.kr	부동산나라	부동산 종합정보 사이트
www.land.co.kr	부동산랜드	부동산 종합정보 사이트
www.neonet.co.kr	부동산뱅크	부동산 종합정보 사이트
www.serve.co.kr	부동산써브	부동산 종합정보 사이트
www.pluspia.co.kr	부동산플러스	부동산 종합정보 사이트
www.speedbank.co.kr	스피드뱅크	부동산 종합정보 사이트
www.ten.co.kr	텐커뮤니티	부동산 종합정보 사이트

중앙경제평론사 재테크 시리즈

① 무역실무 아는 만큼 수출입 쉽게 할 수 있다
수출·수입의 핵심 포인트, 무역서류의 작성과 수속절차 해설! 인터넷 무역시대의 실전무역을 그림으로 알기 쉽게 설명!
기무라 마사하루 지음 | 권영구 편역 | 신국판 | 328쪽 | 12,900원

⑰ 돈버는 프랜차이즈 쉽게 배우기
프랜차이즈 시작 전 알아두어야 할 필수사항 소개 및 프랜차이즈의 효율적인 운영방법과 성공적인 마케팅 전략 제시.
이광종 지음 | 신국판 | 276쪽 | 10,000원

⑧ 초보자가 가장 알고 싶은 실전 부동산 경매입문 (최신판)
경매의 진행절차, 경매정보 보는 요령, 저렴하게 내 집 마련하는 방법, 경매 취하 및 응찰요령 등을 설명.
전철 지음 | 신국판 | 272쪽 | 12,000원

⑲ 당신도 무역을 할 수 있다
실무를 위한 무역실무, 수출입 실전사례, 초보자를 위한 어드바이스 등의 내용을 수록한 창업을 위한 무역 입문서.
이기찬 지음 | 신국판 | 304쪽 | 12,000원

⑨ 단돈 100만원만 있어도 창업할 수 있다
실전 창업의 달인이 들려주는 실업난과 불황시대를 뛰어넘는 소자본 창업 성공전략서!
정병태 지음 | 신국판 | 344쪽 | 13,900원

㉑ 프랜차이즈 알고 창업하면 성공한다 ❷ 창업편
프랜차이즈의 장단점 및 인기 비결 등 전문가의 진단으로 예비 창업자를 위한 알찬 정보를 제공한다.
박원휴 지음 | 신국판 | 292쪽 | 12,000원

⑮ 창업귀신이 되지 않으면 성공은 없다
창업준비에서 창업실무·경영실무까지 핵심을 짚어가며 구체적으로 소개한 소자본 점포창업 지침서.
박경환 지음 | 신국판 | 532쪽 | 14,500원

㉒ 재개발·재건축 투자 어떻게 할까요? (최신 개정판)
도급제, 비례율, 감정평가액 등 관련용어에서부터 원리와 방법, 성공 노하우까지를 초보 투자자의 입장에서 짚어 보았다.
전철 지음 | 신국판 | 336쪽 | 15,000원

⑯ 오퍼상이나 해볼까? (최신 개정판)
프로 오퍼상의 생생한 현장 경험과 다양한 실전사례가 망라된 오퍼상 창업 실무지침서.
이기찬 지음 | 신국판 | 316쪽 | 12,000원

㉖ 프랜차이즈 사업 당신도 쉽게 할 수 있다
10여 년간 현업에 종사하면서 실전경험을 쌓아온 저자가 프랜차이즈 예비창업자들이 최대의 실패의 위험을 줄이고 창업에 성공할 수 있는 방법을 11단계 과정별로 알기 쉽게 설명한 책이다.
서민교 지음 | 신국판 | 392쪽 | 15,000원

㉗ 실전 인터넷 무역 쉽게 배우기
인터넷 무역의 의미, 최근 흐름, 성공사례와 함께
인터넷 무역 절차에 따른 해외바이어 찾기,
거래제의, 거래조회, 신용조회, 오퍼, 주문 등
완전 실무중심으로 구성된 책이다.
염홍기·한혁 지음 | 신국판 | 372쪽 | 15,000원

㉛ 변액 유니버설보험 제대로 알면 성공한다
변액보험, 유니버설보험, 변액유니버설보험, 통합보험, 종신보험, CI보험, LTC보험 등 최근 각광받고 있는 주요 보험상품의 선택기술을 집중 소개.
김동범 지음 | 신국판 | 284쪽 | 12,000원

㉘ 프랜차이즈 제대로 알면 당신도 CEO
프랜차이즈 사업계획, 본부설립, 가맹점 창업,
서비스 개발과 공급, 마케팅 활동,
유망업종 분석 등 프랜차이즈 사업의
전과정을 심도있게 분석 정리한 책이다.
이광종·박상익 지음 | 신국판 | 400쪽 | 15,000원

㉜ 돈 잘버는 꽃집 만들기 100문 100답
꽃집 경영자나 예비 창업자에게 꽃집 경영에 꼭 필요한 노하우 100가지를 선별하여 문답식으로 알기 쉽게 정리.
허북구 외 지음 | 신국판 | 244쪽 | 12,000원

㉙ 성공하는 쇼핑몰 창업 나도 할 수 있다
인터넷 쇼핑몰 창업에 관심있는 사람들을 위한
안내서로 이론보다는 현장에서 활용할 수 있는 실전
위주의 책이다. 저자만의 쇼핑몰 창업 노하우를
누구나 알기 쉽게 문답식으로 풀어썼다.
장종수 지음 | 신국판 | 292쪽 | 12,000원

㉝ 소중한 인생자금 변액유니버설보험으로 설계하라
보험, 더 이상 보장만으로 만족할 수 없다.
소중한 내 돈 투자수익까지 고려한다면
변액유니버설보험만한 상품이 없음을
강조한다.
안정빈 지음 | 신국판 | 176쪽 | 10,000원

㉚ 펀드투자 아는 만큼 고수익 올린다
펀드의 정의, 유형, 투자방법을 단계별로 설명하며, 특히
시장상황이나 개인사정에 따라
적절히 투자할 수 있는 13가지 펀드에 대해
자세히 안내한다.
김재욱·염후권 지음 | 신국판 | 280쪽 | 12,000원

㉞ 누구나 쉽게 할 수 있는 실전 적립식펀드 투자 길라잡이
적립식펀드의 기본 원리와 올바른 투자 방법을 소개. 적립식펀드야말로 시황에 관계없이 수익을 올릴 수 있는 최고의 투자상품임을 알 수 있게 해주는 책이다.
김재욱 지음 | 신국판 | 200쪽 | 10,900원

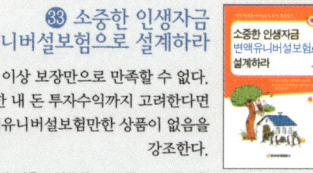

부자의 꿈을 이루게 해주는 중앙경제평론사 〈재테크시리즈〉는 앞으로도 계속 발간될 예정입니다.

01. 무역실무 아는 만큼 수출입 쉽게 할 수 있다
02. 창업을 위한 무역교실 300문 300답
03. 한눈에 쏙쏙 쉽게 보는 주가차트
04. 프로투자자를 위한 주가분석 매매술
05. 초보자를 위한 주가차트 길라잡이
07. 초보자를 위한 샘플 무역영어
08. 초보자가 가장 알고 싶은 실전 부동산경매 입문
09. 단돈 100만원만 있어도 창업할 수 있다
10. 쉽게 배우는 실전 주가차트 입문
11. 쉽게 배우는 실전 옵션투자 입문
12. 성공투자를 위한 실전 기술적 분석 데이트레이딩
13. 급등주 발굴을 위한 세력가치분석
14. 정석 데이트레이딩을 위한 시간대매매 2% 성공 전략
15. 창업귀신이 되지 않으면 성공은 없다
16. 오퍼상이나 해볼까?(최신 개정판)
17. 돈버는 프랜차이즈 쉽게 배우기
18. 소자본 창업 어떻게 할까요?
19. 당신도 무역을 할 수 있다
20. 프랜차이즈 알고 창업하면 성공한다 ① (업종편)
21. 프랜차이즈 알고 창업하면 성공한다 ② (창업편)
22. 재개발·재건축 투자 어떻게 할까요?(최신 개정판)
23. 향기나는 창업 꽃집 꽃집
24. 상가·점포 투자 어떻게 할까요?
25. 오퍼상 어떻게 하나요?
26. 프랜차이즈 사업 당신도 쉽게 할 수 있다
27. 실전 인터넷 무역 쉽게 배우기
28. 프랜차이즈 제대로 알면 당신도 CEO
29. 성공하는 쇼핑몰 창업 나도 할 수 있다
30. 펀드투자 아는 만큼 고수익 올린다
31. 변액 유니버설보험 제대로 알면 성공한다
32. 돈 잘버는 꽃집 만들기 100문 100답
33. 소중한 인생자금 변액유니버셜보험으로 설계하라
34. 실전 적립식펀드 투자 길라잡이

중앙경제평론사 내 인생 성공노트 시리즈

1 트루 리더스

〈포춘〉지 선정 '샐러리맨이 선정한 최고의 기업 100'을 이끄는 리더들을 인터뷰해 그들의 성공 리더십을 분석한 경영 지침서.

비테 프라이스 외 지음 | 4·6판(양장) | 340쪽 | 12,000원

6 우먼파워의 성공 코드를 읽어라

21세기가 원하는 여성상을 정리한 지침서로 성공을 꿈꾸는 모든 여성들에게 영향력 있는 멘토로서의 역할을 충분히 대신해주는 책.

정수연 지음 | 4·6판(양장) | 288쪽 | 10,900원

2 나만의 성공곡선을 그리자

무조건 원하고 무작정 노력한다고 해서 성공하는 것은 아니라고 주장하는 저자가 오랜 경영컨설턴트 경험을 살려 쓴 성공비결.

이시하라 아키라 지음 | 4·6판(양장) | 280쪽 | 9,800원

7 아하! 유비쿼터스가 이런 거구나

날마다 매스컴을 장식하고 있지만 알쏭달쏭한 유비쿼터스를 일반인들이 쉽게 이해하고 상상해 볼 수 있게 정리한 책.

정균승 지음 | 4·6판(양장) | 192쪽 | 10,900원

3 좋은 서비스가 나를 바꾼다

다양한 업종의 기발한 서비스 예화들을 흥미진진하게 읽다보면 최상의 서비스 방법을 저절로 터득하게 해주는 서비스 안내서.

김근종 지음 | 4·6판(양장) | 328쪽 | 12,900원

8 한 번뿐인 인생 프로만이 살아남는다

어떻게 하면 개개인이 행복하고 성공한 삶을 살 수 있으며, 자신이 처한 상황에서 어떻게 하는 것이 가장 프로다운 삶인지를 안내.

이상헌 지음 | 4·6판(양장) | 288쪽 | 10,900원

4 내 인생을 최고로 만드는 시간관리 자기관리

무한경쟁시대에 진정한 프로가 되기 위해 목표와 계획을 중심으로 시간을 제어할 수 있는 방법을 총정리한 시간관리 지침서.

정균승 지음 | 4·6판(양장) | 288쪽 | 10,900원

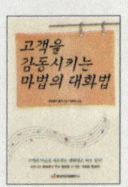

9 고객을 감동시키는 마법의 대화법

고객을 구슬리는 달콤한 말이 아니라 고객이 스스로 마음의 문을 열고 다가오도록 하는 감동의 대화법 소개.

무로후시 준코 지음 | 4·6판(양장) | 212쪽 | 10,900원

5 사소한 습관이 나를 바꾼다

성공을 위한 나만의 특별한 생활습관, 즉 사소하지만 다른 사람의 호감을 살 수 있는 일상의 습관을 재미있는 사례와 함께 소개.

김근종 지음 | 4·6판(양장) | 332쪽 | 12,000원

10 시간관리와 자아실현

국내 최고의 시간관리 전문가인 유성은 교수가 한국인의 라이프스타일에 맞게 정리한 실전과 사례 중심의 시간관리 지침서.

유성은 지음 | 4·6판(양장) | 392쪽 | 12,000원

중앙경제평론사 화제의 책 & 직장인 실용서

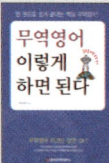

무역영어 이렇게 하면 된다
무역 초보자들을 위해 무역영어의 실상을 다양한 각도에서 알기 쉽게 설명한다. 무역영어에서 주로 사용되는 핵심 표현과 혼동하기 쉬운 표현 등을 소개, 실전에서 응용해 쓰도록 정리한 무역영어 기본 지침서이다.

이기찬 지음 | 신국판 변형(양장) | 152쪽 | 12,000원

현명한 코칭이 인재를 만든다
소개된 30가지 코칭 원칙은 현재 자신이 처한 상황을 보다 효율적으로 다룰 수 있음은 물론 빠른 시간에 성공적인 성과를 올릴 수 있는 길로 안내한다.

마크 데이빗 지음 | 신국판 변형(양장) | 104쪽 | 9,800원

보험 잘 들면 인생 100배 즐겁다
변액보험, 유니버설보험 등 유망 보험상품 고르기, 보험가입시 유의사항, 보험 리모델링, 가입 후 체크사항 등 보험가입자들이 꼭 알아야 할 정보를 알기 쉽게 설명한다.

김동범 지음 | 신국판 | 320쪽 | 12,900원

자기관리 성공노트
성공을 꿈꾸는 사람들에게 현재 자신이 보유하고 있지만 사용하지 않는 에너지와 재능, 즉 잠재력을 효과적으로 개발할 수 있게 도와주는 52가지 자기관리 원칙을 제공한다.

마크 데이빗 지음 | 신국판 변형(양장) | 160쪽 | 9,800원

무역실무 이것만 알면 된다
장황한 이론은 생략하고 무역초보자들이 꼭 알아두어야 할 필수사항만을 간추려 설명한 책으로 누구나 자신감을 가지고 무역업을 시작할 수 있게 실전위주로 엮은 무역 안내서이다.

이기찬 지음 | 신국판 변형(양장) | 156쪽 | 12,000원

누구나 꼭 알아야 할 퇴직연금 길라잡이
경영자와 근로자가 퇴직연금제도에 대해 구체적으로 이해하고, 왜 도입해야 하는지, 도입하면 어떤 장점이 있는지를 공감할 수 있도록 그 취지와 운용원리를 외국의 성공사례와 함께 알기 쉽게 설명한 책이다.

하경효 지음 | 신국판 | 240쪽 | 12,000원

세계를 향한 끝없는 도전
27년 간 무역을 비롯한 다양한 국제비즈니스의 최일선에서 일해온 저자가 온갖 난관을 극복하고 성공하기까지의 과정을 감동적으로 서술한 자전 에세이다.

이기찬 지음 | 신국판 | 244쪽 | 9,900원

땅따로? 집따로? 함께 보는 부동산투자
토지 투자에 대한 일반인들의 투자 유형과 유통구조, 관련법규, 건축, 분양, 세무, 법무, 대출, 감정평가 등 실무사례를 종합적으로 다루고 있다.

이완기 지음 | 신국판(양장) | 388쪽 | 17,500원

경제 아는 만큼 보인다
오랜 한국은행 근무경력이 말해주듯 국내외 경제흐름에 정통한 저자가 학생에서 일반직장인까지 꼭 알아야 할 최신 경제지식을 알기 쉽게 정리한 책이다.

조성종 지음 | 신국판 | 284쪽 | 10,900원

한달 10시간 일하고 800만원 버는 나의 무역 이야기
비즈니스 세계의 영원한 블루오션 무역으로 돈과 시간, 그리고 자유의 꿈을 실현해가는 한 청년의 감동적이고도 생생한 현장 무역이야기가 펼쳐진다.

이문영 지음 | 신국판 | 384쪽 | 12,900원